青少年探索文库
QingShaoNian TanSuoWenKu

名家话读书

吕阳 编

吉林人民出版社

图书在版编目（CIP）数据

名家话读书 / 吕阳编. — 长春：吉林人民出版社，2010.10（2021.3重印）

（青少年探索文库）

ISBN 978-7-206-07065-5

Ⅰ.①名… Ⅱ.①吕… Ⅲ.①读书笔记—世界—青少年读物 Ⅳ.①G792-49

中国版本图书馆CIP数据核字(2010)第192089号

名家话读书

编　　者：吕　阳
责任编辑：张　娜
吉林人民出版社出版（长春市人民大街7548号　邮政编码：130022）
印　　刷：三河市燕春印务有限公司
开　　本：700mm×970mm　　1/16
印　　张：13　　　　　字数：110千字
标准书号：ISBN 978-7-206-07065-5
版　　次：2010年10月第1版　　印　次：2021年3月第2次印刷
定　　价：39.00元

如发现印装质量问题，影响阅读，请与印刷厂联系调换。

目　录

看书琐记	鲁　迅	/ 001
重刊《浮生六记》序	俞平伯	/ 003
读《老残游记》	刘绍棠	/ 006
谈清人笔记	周黎庵	/ 011
夜读抄	曹聚仁	/ 017
竹窗随笔	曹聚仁	/ 022
读《日知录》	文载道	/ 025
读史有感	唐　弢	/ 033
读《伊索寓言》	钱钟书	/ 036
谈《简·爱》	聂绀弩	/ 042
我读《女神》的时候	冯　至	/ 047

读书	叶圣陶 /	053
读书的习惯	钱歌川 /	056
读书的经验	谢六逸 /	060
读书的艺术	林语堂 /	062
我的爱读书	施蛰存 /	071
读书	老 舍 /	075
重读之书	叶灵凤 /	079
旧书店	叶灵凤 /	081
事事关心	马南邨 /	083
我为什么爱读历史	廖沫沙 /	086
论书生的酸气	朱自清 /	091
《西谛书话》序	叶圣陶 /	101
买旧书	施蛰存 /	104
烧书记	郑振铎 /	107
晒书记	梁实秋 /	113
买书	朱自清 /	116
三家书店	朱自清 /	119
旧书铺	茅 盾 /	129
书卷长留伴一生	（法国）安·莫洛亚 /	134
读书之乐	（法国）阿兰 /	140

历尽艰辛话买书	（英国）吉辛 /	146
两种读书法	（英国）罗斯金 /	152
读书的时光	（英国）吴尔芙 /	157
论读书	（英国）奥登 /	163
与书为友	（英国）斯迈尔斯 /	168
为乐趣而读书	（英国）毛姆 /	171
书海猎趣	（英国）纽顿 /	175
书迷鬼	（德国）伊·卡内蒂 /	181
谈阅读	（日本）小泉八云 /	184
我为什么喜欢读书	（埃及）马哈茂德 /	191
知识的必要性	（美国）勒内·杜博斯 /	196

看书琐记

◻ 鲁　迅

高尔基很惊服巴尔扎克小说里写对话的巧妙,以为并不描写人物的模样,却能使读者看了对话,便好像目睹了说话的那些人。

中国还没有那样好手段的小说家,但《水浒》和《红楼梦》的有些地方,是能使读者由说话看出人来的。其实,这也并非什么奇特的事情,在上海的弄堂里,租一间小房子住着的人,就时时可以体验到。他和周围的住户,是不一定见过面的,但只隔一层薄板壁,所以有些人家的眷属和客人的谈话,尤其是高声的谈话,都大略可以听到,久而久之,就知道那里有那些人,而且仿佛觉得那些人是怎样的人了。

如果删除了不必要之点,只摘出各人的有特色的谈话来,我想,就可以使别人从谈话里推见每个说话的人物。但我并不是说，这就成了中国的巴尔扎克。

作者用对话表现人物的时候，恐怕在他自己的心目中，是存在着这人物的模样的，于是传给读者，使读者的心目中也形成了这人物的模样。但读者所推见的人物，却并不一定和作者所设想的相同。巴尔扎克的小胡须的清瘦老人，到了高尔基的头里，也许变了粗蛮壮大的络腮胡子。不过那性格，言动，一定有些类似，大致不差，恰如将法文翻成了俄文一样。要不然，文学这东西便没有普遍性了。

文学虽然有普遍性，但因读者的体验的不同而有变化。读者倘没有类似的体验，它也就失去了效力。譬如我们看《红楼梦》，从文字上推见了林黛玉这一个人，但须排除了梅博士的"黛玉葬花"照相的先入之见，另外想一个。那么，恐怕会想到剪头发，穿印度绸衫，清瘦，寂寞的摩登女郎；或者别的什么模样，我不能断定。但试去和三四十年前出版的《红楼梦图咏》之类里面的画像比一比罢，一定是截然两样的，那上面所画的，是那时的读者的心目中的林黛玉。

文学有普遍性，但有界限；也有较为永久的，但因读者的社会体验而生变化。北极的遏斯吉摩人和菲洲腹地的黑人，我以为是不会懂得"林黛玉型"的；健全而合理的社会中人，也将不能懂得。他们大约要比我们的听讲始皇焚书，黄巢杀人更有隔膜。一有变化。即非永久，说文学独有仙骨。是做梦的人们的梦话。

重刊《浮生六记》序

◎ 俞平伯

重印《浮生六记》的因缘，容我略说。幼年在苏州，曾读过此书，当时只觉得可爱而已。自移家北去后，不但诵读时的残趣久荡为云烟，即书的名字也难省忆。去秋在上海，与颉刚伯祥两君结邻。偶然读起此书，我始茫茫然若有所领会。颉刚的《雁来红丛报》本，伯祥的《独悟庵丛钞》本，都被我借来了。既有这么一段前因，自然重读时更有滋味。且这书确也有眩人的力，我们想把这喜悦遍及于读者诸君，于是便把它校点重印。

书共六篇。故名"六记"，今只有《闺房记乐》以下四篇。其五六两篇已佚。此书虽不全，而今所仔者似即其精英。《中山记历》当是记漫游琉球之事。或系日记体。《养生记道》，恐亦多道家修持妄说。就其存者言之，固不失为简洁生动的自传文字。

作者沈复字三白,苏州人.生于清乾隆二十八年,卒年无考,当在嘉庆十二年以后。可注意的。他是个习幕经商的人,不是什么斯文举子。偶然写几句诗文,也无所存心。上不为名山之业,下不为富贵的敲门砖,意兴所到,便濡毫仲纸,不必妆点,不知避忌。统观全书,无酸语,赘语,道学语,殆以此乎?

文章事业的圆成本有一个通例,就是"求之不必得,不求可自得"。这个通例。于小品文字的创作尤为显明。我们莫妙于学行云流水,莫妙于学春鸟秋虫,固不是有所为,却也未必就是无所为。这两种说法同伤于武断。古人论文每每标一"机"字,概念的诠表虽病含混,我却赏其谈言微中。陆机《文赋》说,"故徒抚空怀而自惋,吾未识夫开塞之所由。"这是绝妙的文思描写。我们与一切外物相遇,不可著意,著意则滞;不可绝缘,绝缘则离。记得宋周美成的《玉楼春》里,有两句最好,"人如风后入江云,情似雨余粘地絮",这种况味正在不离不著之间。文心之妙亦复如是。

即如这书,说它是信笔写出的固然不像;说它是精心结撰的又何以见得。这总是一半儿做着,一半儿写着的;虽有雕琢一样的完美,却不见一点斧凿痕。犹之佳山佳水明明是天开的图画,然仿佛处处吻合人工的意匠。当此种境界,我们的分析推寻的技巧,原不免有穷时。此记所录所载,妙肖不足奇,奇在全不着力而得妙肖；韶秀不足异，异在韶秀以外竟似无物。俨如一块纯美的水晶，只见明莹，不见衬露明莹的颜色；只见精微，不见制作精微的痕迹。这所以不和寻常的日记相同，而有重行付印，令其传播得更久更远的价值。

我岂不知这是小玩意儿，不值当做溢美的说法；然而我自信这种说法不至于是溢美。想读这书的，必有能辨别的罢。

读《老残游记》

◎ 刘绍棠

第一次读《老残游记》，是在十几年前头。那时候只觉得它的文字简练，华实相称而已，此外也另无所得。现在过了十多年，秋宵无事，再展开来读，愈觉得作者寄托的遥深，牢骚的美化了。想将读后的感想，来写一点出来。

《老残游记》二十章，题"洪都百炼生"著，实刘鹗之作也，有光绪丙午（一九〇六）之秋于海上所作序；或云本未完，末数回乃其子续作之。刘字铁云，江苏丹徒人，少精算学，能读书，而放旷不守绳墨，后忽自悔，闭户岁余，乃行医于上海，旋又弃而学贾，尽丧其资。光绪十四年河决郑州，鹗以同知投效于吴大澂，治河有功，声誉大起，渐至以知府用。在北京二年，上书请敷铁道；又主张开山西矿，既成，世俗交谪，称为"汉奸"。庚子之乱，鹗以贱值购太仓储粟于欧人。或云实以振饥困者，全活甚众；后数年，政府即以私售仓粟罪之，流新疆死（约一八五〇——一九一〇，详见罗振玉《五十日梦痕录》）。

（鲁迅《中国小说史略》下卷第二十八篇）

这是著者的略历，征之书中的隐射，一点儿也不会错的。有人说《老残游记》，是浙湖某某所撰，这是附会之谈，可以以书里的俗语来证明。书里的白话，虽则用的大抵是普通官话，然而时有作者所不注意的土白流露出来。譬如称落花生之为"长生果"，以"不可以""不通行"为"不作兴"之类。写会话的时候，他也时常用地方的方言，来助长 Localcolour，譬如山东姑娘二翠的言语和店小二的言语等都是如此。除了这些方言，略有不纯的地方外，他的写长会话的手段实在高明。

我们读过 JosephConrad 的小说的人，总没有一个不佩服他的用一个人来陈述小说内容的方法的灵巧的，这一位洪都百炼生，也有这一副手腕。老残的晓得酷吏虐民的事实，都不是他自己看见，大抵是由于他人告诉转述给他的。由平常的人来记述这样长的 Monologue，必要使读者感到厌倦，而由他来一写，将几宗冤虐的案情，由几个店小二的口中说得明明白白，文字又经济，又明晰，这实在是他的不可及的地方。例如曹州知府玉大人的诬良为盗的事实，他老并没有亲眼看见，只听店家的掌柜老董说的。老董坐在店门口的长凳上，一直说玉大人的如何陷害于家的事情，说了有四五千字，结果他就想出一个伙计来说破老董的喜欢说话：

> 正要往下说时，只听他伙计王三唤道："掌柜的，你怎么着了？大家等你挖面做饭吃呢！你老的话布口袋破了口儿，说不完了。"老董听着，就站起，走往后边挖面做饭。……

老残到了马村集，又是一个店里的店伙，对他说曹州知府玉大人如何的害死一个卖布的小贩。这店伙于说完一段长长的话后，就结了几句：

> "酒也完了，你老睡罢！明天倘若进城，千万说话小心。俺们这里人人都耽着三分惊险，大意一点儿，站笼就会飞上脖儿梗上来的。"于是站起来，桌上摸了半截线香，把灯拨了拨说："我去拿油壶添添这灯。"老残说："不用了，各自睡罢！"两人分手。

这一种很自然，很简洁的 NarrativePower，实在可以比得上 JosephConrad，只有过之，不会不及。

他的文章的好，叙述方法的灵活，可以不必讲了。底下我想解剖解剖作者的思想。

洪都百炼生的满肚皮牢骚，都借了老残来发泄，果然不错。就是当时的以清白为名，实在是暗中在虐民媚上的那一种所谓清官的惨无人道，也已被他骂得够了。这些都是很好的笔墨，也是很值得我们崇拜的精神。可是有一段讲到了革命。他老似乎没有把近代思想了解。当然像他所说的那一种革命家，原是很多，就是现在的南京武汉的许多新政客，也还是他所攻击的那一种"只管自己敛钱，叫别人流血的"英雄豪杰。可是在冒生死的大不韪，实际上在民间的最下层做工作的革命家，他似乎还没有梦想到过，似乎他绝对的不相信在中国的民族里会产生出这一种革命家来的。所以他对于革命的见解，是可以代表现代中国的一般知识阶级的见解。我们且听听他的理想中的人物黄龙子的议论：

"若说那革呢，——这是黄龙子说明北拳南革的一段——革是个皮，即如马革牛革，是从头到脚，无处不包着的。莫说是皮肤小病，要知道浑身溃烂起来，也会致命的。只是发作的慢，若留心医治，也不致于有害大事。惟此革字上应挂象，不可小觑了他，诸位切忌，若搅入了他的党里去，将来也是跟着溃烂，送了性命的。……"

他承认革命的势力是不小，革命的结果是牺牲，可是他竟把那些投机师，无赖子当作革命者看了，所以他切劝大家不要去入革命党。这一宗见解，要说他错，原也是不错的。因为中国人的根性太腐劣了，实在在吃革命饭的人，在假借革命而贪图官位的人，有一大半还不能脱他所说的范畴。并且当时中国的政治，还没有糟到现在那步田地，一般中小资产阶级，还尽可在厝火的积薪之上，安眠贪梦。现在却不同了，时势也愈变愈糟了，真革命者也出来了。我想假使他是生在目下的中国，那么他的对于革命的见解，总要完全变过。我想若他现在还是不死的时候，他一定会去参加革命，因为他的那一种愤世疾邪，渴慕正义的精神，就是现在的革命精神。

所以看一种文学作品，非要设身处地的把作者当时所处的时代环境仔细想一想不可。《老残游记》是二三十年前的作品，他所代表的思想，是二三十年前的小资产阶级的思想。我们若以他的以目下的眼光看来，是完全立于反革命的地位的议论，来断定他的作品的毫无价值，毫无时代性，却是过于苛刻的批评，这一层应该为作者原谅的。

总之《老残游记》二十章，将他的反革命的思想除去，以文艺的眼光来看的时候，却可以称得起《儒林外史》的后继者，不过笔力弱一点，没有笼罩全书的伟大的精神，所以不能成为一部大作而已。

谈清人笔记

◎ 周黎庵

近几年来因为有几位文人在努力提倡晚明文学的结果，闹成坊间一片晚明世界，例如袁中郎全集的翻印，国学珍本丛书的整批发行，里面大都是明人的东西居多，这种现象当然不能说不好，横竖有珍本之类的书供给大家看总是好的。不过照我看来，明人的东西，最大的成就还在于思想的解放，和文字的清丽。至才力之薄弱，和并无雄伟魄力，也一如清初词臣的鄙贬公安，现代革命文人之奚落小品，无可讳言。故晚明文学，我以为"山人"一派。有陈眉公王百穀已是，公安有中郎，竟陵有钟谭亦颇可以，其余枝枝节节的，除却学者们要作系统的研究外。要是给我们门外汉看来，似觉不必。盖思想虽然通达，文章虽然清丽，大家瞎写一阵，究竟写不出什么东西，枉论能"开卷有益，掩卷有味"也。

中国目前出版界有一种极端的毛病，有一种刊物太严肃，其弊在"道"，另一种刊物太前进，其弊在"矫"。这两者都有其毛病的。我想清人的笔记，倒合乎中庸的。

当晚明文学在出版界活跃的时候，我就有想起清人笔记的念头，其目的在于要使大家于消遣之中寓以知识的意义，因为有几部清人笔记，罗一代故实，凡不取详实，要研究一件事实还在于野史中搜罗，例如研究太平天国时代的历史，湘军志，平定粤寇记略这种书也只能窥其大略，真真的实在客观情形，远不如在野的私家记载和客卿的书籍。

我所以爱好清人笔记的缘故，却还有些恍惚，大概是因为对于清史有极大的兴趣。第一，因为清代比较的离现今还近，容易从故老的口中得到一些传说（我有一位老祖母，她是身经洪杨乱离的）。再则清代虽以满族人入主中原，而牢笼士子得法，表面上看起来比较明代的凶恶面庞好得多。清代帝皇尚不肯失去稽古文之主的美名，虽然其用心是不可问的。

现在且来说清人笔记的内容。

清人的随笔偶记，其开山祖大概由于晚明文坛盟主的工弇山（世贞），而乾嘉之时集其大成。以后道咸同光四代，一时盛极，差不多有些文名的文人除其所谓正当著述外，都要来一本笔记叙叙其见闻的书，这种流风余沫至民国初元还未尽泯，不过到现在受了西洋文学介绍的影响而寿终正寝吧了！这种辅助正统文学的著作，在17世纪到20世纪在中国文坛上着实占些地位，不容我们忽略的。

考这种笔记风气起源的原因，大概不外乎考据学的影响和士子对于经术的厌倦。考据的影响令士子不屑于清谈而致力于现实和过去。经术的厌倦令士子致力于史学的研究。（虽然这般著书的人都是从经术中得来翰林进士，于此可见到读经亦不过牢笼知识分子至某一时期而已。过了这个时期对于"经"仍旧要表示厌倦的。）读史是专制压迫下士子的一种反抗。盖统治者每以读经愚弄天下士子为惟一工具，而天下士子的惟一反抗统治者愚弄政策的工具也便是治史，这种动向也非但"自古已然"，而应该"于今为烈"的。因为"经"不过命令人家如何会兴，如何会亡——尤其是几部晋宋明诸朝中国覆亡于异族的"史"。令人可以警惕，和谋所以救济之道。清代文人主张最烈的要算龚自珍（定庵），道咸间的文人能谈考据，言掌故，精史学者实定庵开其风气，这种功绩定庵实要比几位两庑吃冷猪肉的大师来得伟大。现在呢，读经运动已由呼声至于现实.这个时期，来读读有关于历史故事的清人笔记，虽不致有人推崇，但挨骂也不见得吧！

清人笔记，大概可分为两种，一种是浪漫的，这一种谈狐说鬼，文人不得志往往为此，最大的成就而博得中外广大读者的，可以举《聊斋》为代表，次之则袁子才的《子不语》（新齐谐），纪晓岚的《阅微草堂笔记》，和《萤灯异草》等书。这一种书我在这里并不谈起，因为它们销行既广，家晓户诵，何必再行绍介。我要说起的是另一种的随笔偶记，这种笔记是现实的，其内容同前文所说"翔罗一代故实，名人轶事，国家弊政，人物臧否"，但并不枯涩，里面往往有幽默，有笑料，并不道学，并不严肃，清人在板起面孔做的所谓正统著述外，在这里还可见到他们嬉笑怒骂的真面目，令人读得下去，不会半途而废。而读者的好处，却在"开卷有益，掩卷有味"。

我有几本清人的随笔偶记，虽不能如教授学者们所讲究的版本秘笈，却也奔走四方未尝离身，那几本书往往可以在我的枕边看到，原因内容太有味，简直舍不得，陈眉公所谓"读旧书如逢故人"，良有以也。

关于这类书的书名和作者，可以列举于此，以后可以略加说明。

我所获为"枕中秘"的几种书籍，大都是清宗室礼亲王（昭梿）的《啸亭杂录》，王渔洋的《池北偶谈》《香祖笔记》，戴蒋塘的《藤阴杂记》，梁章钜（茝林）的《浪迹丛谈》《归田琐记》《南省公余录》，阮吾山（葵）的《客余茶话》，陈钧堂（康祺）的《燕下乡脞录》《郎潜纪闻》，俞曲园（樾）的《春在堂随笔》、《茶香室丛钞》，王端履的《重论文斋笔录》。以及几本贴切人生，谈谈闺房琐事的，例如沈三白（复）的《浮生六记》，冒辟疆的《影梅庵忆语》，《香畹楼忆语》，舒白香（梦兰）的《游山日记》（这本书已由宇宙社重印出版）。再次之如钮玉樵（琇）的《觚剩》，高澹人（士奇）的《天禄识余》。这几本书大都很好，都能符合上述"开卷有味，掩卷有益"的原则，可放在枕边消遣，也不至于有流入"玩物丧志"之诮，盖贤于三角四角的恋爱小说远矣。

这里要特别推荐的，是昭梿的《啸亭杂录》，陈钧堂的《燕下乡脞录》和《郎潜纪闻》。《啸亭杂录》有商务印书馆的早年铅印本，而两者都收在吴兴王文濡所辑《说库》内（文明书局版）。前者昭梿为满清的近支宗室，为彼族惟一博雅之士，生时当乾嘉盛年，所记为人关起迄于乾嘉，内容关于清初的设政，关外的掌故，时人的言行，大概可以尽罗无缺，而最足珍奇者，则为记萨赖尔之叛，金川之战，平定回部本末，台湾之役，癸西之变，滑县之捷，廓尔喀之役，光显寺之战，关于乾嘉二代内外用兵本末无不悉备，为研究清代外藩史实者不可或少的资料。《啸亭杂录》可以算是清人笔记前期的代表者，从开国起头迄于嘉庆，而陈钧堂的《燕下乡脞录》和《郎潜纪闻》两书，却可算是后期的代表者，从道光起迄于光绪，作者身经洪杨乱离，关于清代方面的事情记载颇详，虽然不免于立场上的偏袒，究未作泛泛语，足为后人立论的根据，似乎算得上清人笔记中的佼佼者了。

吟梅居士戴敉塘撰的《藤荫杂记》也是一部好书，其内容大致与晚明人刘同人（侗）的《帝京景物略》相似，但《藤阴杂记》所重在人物，文学上的成就去《帝京景物略》远甚，这本书载康熙乾隆嘉庆三朝名臣文人都门寓处颇详，在未到过北平如我者看来亦颇有兴味，不知在北平的周作人沈启无俞平伯诸先生亦一曾爱好是书否？我曾为是书屡兴北游的念头，也只好算是爱书狂吧！

话说得太长，理该带住。清人笔记，应该大家都可以读读，中华书局的《清代笔记丛刊》的是选择得不差，上述几种大致都有。或许因为定价太贵，则不妨至旧书店去买几本文明书局的《说库》或进步书局的小本子笔记丛书，也是一样。不过印刷纸张太劣罢了。

文人好作短篇的随笔偶记，原是病处，第一是笔记之类的书魄力不能大，决不会有伟大的作品。而文人们好作笔记其原亦在于每日板起面孔做正统派的神道碑，墓志铭，征，启，疏，牍，没有自己性灵寄托的地方，他们的真面目在笔记中才可流露出来，我以前亦颇非议纪昀朱竹垞之鄙贬明人文章，后阅清人笔记所载，则竹垞晓风固皆是风雅人物，全不是正统书中一副面目，因此悔悟读《曝书亭集》不如看《竹垞小志》，买《曾文正全集》，不如花几个子买其家书也。大家倘使真有伟大的创作或翻译可看，当然最好，不然，看看清人的随笔偶记之类，也应该比三角四角的恋爱小说，和胡说乱道的海派文学好得多，这也算是区区这篇文字的主意吧。

夜 读 抄

◎ 曹聚仁

"……自己觉得文士早已歇业了；现在如要分类，找一个冠冕的名称，仿佛可以称作爱智者，此只是说对于天地万物尚有些兴趣，想要知道他的一点情形而已。目下在想取而不想给，此或者正合于圣人的戒之在得的一句话罢。不佞自审日常行动与许多人一样，并不消极，只是相信空言无补，故少说话耳。大约长沮桀溺辈亦是如此，他们仍在耕田，与孔仲尼不同者只是不讲学，其与仲尼之同为儒家盖无疑也。……"

与侵君——（页三一一）

我对于启明先生的敬意，不自今日始；他的每一种散文集必比前一种更醇厚深切，更合我个人的口味，愈益增加我的敬慕之情。但就一般青年讲，逐渐和他的兴趣相远，几乎不能领悟周先生的襟怀，有人简直以为启明先生消极了，曾写信去责备他。周先生说："实在我的态度还与写《自己的园地》时，差不多是一样；我仍旧不觉得文字与人心世道有什么相关。我不信世上有一部经典，可以千百年来当人类的教训的。只有记载生物的生活现象的 Biologic 才可供我们参考，定人类行为的标准。"周先生自己不肯承认消极，自己说目前的态度还是与写自己的园地时候差不多是一样；但青年们为什么不这样想这样看呢？我不禁想起周先生说过"常常坐首席，渐渐进祠堂"那句笑话宋，因为周先生所修都是不朽的胜业，只能"藏之名山，传之其人，"自然和青年们逐渐相远了。

提起启明先生，我就想到郑康成、郑渔仲、顾亭林那些人，蚂蚁蜜蜂般勤劬作业，"述先圣之元意，整百家之不齐"，而谦抑自下，"欿然若无所有"。周先生常说能有一天做得颜氏家训那么一篇二篇一节二节，就够满意了；若颜之推生在现代，能不避席自惭吗？夜读抄大部分是周先生谈他读过的书；周先生读书，没有半点冬烘气，懂得体会，如故交相叙，一句是一句，两句是两句，切切实实地说一番。夜读抄所提到的那几种书：李元蠕范，闲园鞠农一岁货声，顾禄清嘉录，无名氏编五老小简，西湖花影翁花镜，叶天寥甲行日注，谑庵文饭小品，王侃江州笔谈，谢在杭五杂俎，钱步曾百廿虫今，都不是什么大著作，长长短短，都说到一点；原不是影戏牌头，借此妆点自己门面。正如树荫底下闲谈，说起故交消息，好好坏坏，夹杂批评一点，自觉亲切有味。不必如京中人开口不离大大先生厚我厚我，闻声便作三日呕。周先生说："总之，我不想说谎话。……所说的话有的说得清朗，有的谈得阴沉，有的邪曲，有的雅正，似乎很不一律，但是一样的是我所知道的实话，这是我可以保证的。"知之为知之，不知为不知，老老实实说实话，此其所以可爱。自来富贵人家，欢喜夸耀富有，把那几块破铜烂铁当作稀世珍宝，内行人乃不觉肚子里失笑。学周先生夜读，听说颇有其人；贾環写字，装腔作势，真为"风雅"二字叹息！

中国古书，总是只离破碎，只可用作谈助。北朝颜之推最通达人情，周先生说家训"意思平实，文词简要和易，"自是不可及处。不过我读了周先生所举的兰学事始，觉得中国古书，都是土苴，拉杂摧烧之，也不足惜。我以为东西各国的著作，振刷精神，洗发情理，无一不在古书之上；抑中扬西，可说是我的小小反动。兰学事始叙述日本维新以前，杉田去白与前野良泽苦心译读和兰解剖学的故事。（菊池宽曾用此故事写成小说。）上卷记述当日事实道：

"次日集于良泽家，互语前日之事，乃共对 Tafel Anotomia 之书，如乘无舵之舟泛于大海，茫洋无可倚托，但觉茫然而已。惟良泽对于此道向曾留意，远赴长崎，略知兰语并章句语脉间事，年长于子者十岁，乃定为盟主，亦即奉为先生。……译述此书，应如何下手，先加以讨论。……其时对于 dehetalowelk 等词，虽略有记诵，然不能仔细辨解，故常读之不解所谓。土。眉者生于目上之毛也一句，尽春天的长书终未明瞭，苦思直至日暮，互相睨视，仅只一二字的文章终于一行不能解。……然语有之，为事在人，成事在天，如此苦心劳思，辛勤从事，每月凡六七会，每会必集，一无倦怠，相聚译读，所谓不昧者心，凡历一年余，译语渐增，对于彼国事情亦渐自了解，其后如章句疏朗处一日可读十行以上，别无劳苦而能通其意义矣。"

这种求智先驱者的悲壮言行，对于因循苟且浮夸自大的国人，该有什么感触！福泽喻吉序云："书中事字字皆辛苦，我辈读之，察先人之苦心，惊其刚勇，感其诚挚，未尝不感极而泣！"我那天心中就有这么冥冥跃动不可解的情绪。常读玄奘求经译经故事，那艰苦的历程使人不觉振发，想到近百年来民族精神的萎靡，真是可怕得很；周先生说："从这里看来，中国在学问上求知识的活动上早已经战败了，直在乾嘉时代，不必等到光绪甲午才知道。然而在现今说这话，恐怕还不大有人相信，亦未可知。"这是多么深的感慨！

周先生欢喜长沮桀溺，长桀沮溺耕田不讲学，当然"并不消极"。吴敬梓写《儒林外史》，末后殿以四个人物：一个会写

竹窗随笔

◎ 曹聚仁

近读明代高僧诛宏所作竹窗随笔，竹窗二笔，竹窗三笔，喜其胸襟明朗，出语平淡而意味深远。

有聪明人，以禅宗与儒典和会串讲，他说："引进诸浅识者，不复以儒谤释，其意固甚美……若按文析理，穷深极微，则翻成戏论。"各家立说，无有不偏，一定要把各家的偏见，调和起来，说是同出一源，也是愚妄之至。自儒学东来，魏晋之间，就有人调和儒释道三家，造成太上感应篇一类的肤浅论调，究之实际，以儒说附会禅宗，于儒于禅都不忠实。诛宏说这类和会串讲"翻成戏论"，的确是见道之言。近有四川人段正元，到处传"三教合一"之道，比太上感应论更肤浅，十年前，他曾和富阳夏灵峰会于西湖，谈论不合而散。我当年就说："段正元的胡说，不独为真儒家所笑，且为真佛家所笑。"

今见袾宏之论，足以针砭段某之妄！

袾宏道行日高，弟子欲存其语录。他说："我实凡夫，自救不了。为吾徒者，慎勿笔吾一时偶尔之谈，刊为语录；不惟妄自尊大，又偶尔之谈，或有为而发，或因人而施，未见究竟了义；而况听者草草入耳，便形诸纸墨，亦恐有误人之过也。"我们知道，孔子论仁，因人而异，"丧欲速贫，死欲速朽。"有子知道孔子有为而言。前人书，有的是发挥他自己的中心思想，前后自成一贯；有的是偶尔之谈，或有为而发。或因人而施；假若拘泥一端，把偶尔之谈看作其人的中心思想，便是误入歧途。袾宏之论，实在是开启后学者心眼。

袾宏论当时人读楞严，说："近时于诸经大都不用注疏，夫不泥先入之言而直究本文之言，诚为有见。然因是成风，乃至逞其胸臆，冀胜古以为高，而曲解僻说者有矣，新学无知，恐为所误。且古人胜今人处极多，其不及者什一；今人不如古人处极多，其胜者为一，则孰若姑存之，喻如学艺者，必先遵师教以为绳矩，他时后日，神机妙手，超过其师，谁得而限之也？而何必汲汲于胜也？"这一番话，颇像清代考证学家戴东原的说法。每当旧思想呆滞不进，新思潮即起来做破坏的工作，其时风气必多疑古反旧；旧思潮既已破毁，新思潮正在建设，又必以批评的接受旧思潮为风气。袾宏的话，所以和戴东原段玉裁诸正统派的主张相一致；用袾宏的主张，亦可读儒家诸经。

竹窗随笔有二则论苏东坡，说："东坡德行炳焕千古，而不能忘情于辰生之术，非惟无功，反坐此病卒。"又引元禅师与东坡二书云："时人忌子瞻作宰相耳，三十年功名富贵，过眼成空，何不猛与一刀割断？"又云："子瞻胸中有万卷书，笔下无一点尘，为何于自己性命便不知下落？"我看苏东坡亦是热中名利人。失意于党争，就躲入诗文的天地中。苏子有了诗文的天地，性命明明有了下落，叫他在何处猛下一刀？文人谈禅说道，只是借禅道作幌子，若以他们真能遗世忘俗，那又大错了。诛宏另有一则，记隋梁州沙门慧全，慧全临终时，弟子甚众。麓异弟子悟道，说他"当生婆罗门众"，慧全问其故，那麓异弟子说："师信道不笃，外学未绝，虽有福业，不得超诣。"以此为例，苏东坡或潜心诗文，而心惊禅道，或出家习禅而心惊诗文，必两无一就。株宏到底是读书人出身，忘不了诗文。

竹窗随笔有一则论山色甚好："近观山色，苍然其青焉，如蓝也；远观山色，郁然其翠也，如蓝之成靛也；山之色果变乎？山色如故，而目力有长短也。自近而渐远焉，青易为翠，自远而渐近焉，翠易为青，是则青以绿会而青，翠以绿会而翠，非惟翠之为幻，而青亦幻也，盖万法皆如是矣。"此谓万法皆幻，乃佛家出世观，然亦可作入世观说法。罗素谓人生不恋爱，就不能欣赏自然美，同一月，同一山水，恋爱中自有美趣；惟幻得幻，乃入世观也。

读《日知录》

◎ 文载道

一年前的夏天，费了好几天功夫，将顾炎武的《日知录》读完。觉得这的确是一部好书。无论于朝章国故，学问道德，人情节操，风俗舆地，都有很精核很广博的启发。自此以后，这部书也就成为我不离案头的读物，常常的加以阅览揣研，使我获得不少的受用。

明亡以后的几位遗老，如王船山、黄黎洲、归玄恭、叶天寥等，其品格与学问，都有使我辈后生肃然起敬之所在；特别是在今天，他们的卓然的晚节，更使我们于拜观之余，加上了一份惭愧进去。而亭林尤其是其中的一人。

他们这许多人，其性格或有狂放猖介，豪爽凝静之分；其治学处世和出身，也各有截然不侔之处。然而他们对于陵谷之变迁，身世之慨叹，却无处不表现其苍凉抑郁之感。而且还竭智尽忠，苦心孤诣的，以这与生俱来的"执着"作种种的奋斗。而他们本身所具有的，不过头颅一颗，昂藏七尺，再加上三寸的秃笔与唇舌而已。信如诗国风《黍离》章云：

"彼黍离离，彼稷之苗，行迈靡靡，中心摇摇。知我者谓我心忧，不知我者谓我何求？悠悠苍天，此何人哉？"

这无须更加上什么注疏，就觉得有一种原始而淳朴的无言之痛，深深的透过了纸背。而将它和那些明代遗老的心境，行动相比，似乎虽不中亦不远的了。

首先我要说的，顾先生的人是一个非常之人。至其学问，又不是截取一枝一节所能概括。就是这部《日知录》，也可说上一声卷帙浩繁。因此，以这样的人与那样的书而由区区来评头论足，其不相称盖也不言而自明矣。不过为了要还我自己心许的愿——也可说是对作者的一点小小敬意，只得就《日知录》中最爱读的几章，加以征引，略为说明罢了。至于亭林一生的历史事业，识者久有定评，我只在开头约略的征引几句，总算是一个交待吧。

亭林先生的先世住在吴郡，为江东四大姓之一，五代时迁居滁州，南宋后从滁州迁海门姚刘沙，又从姚迁醍山县花浦邨，旋又移至千墩，自此，即因以为家焉。

他是一个嗣子。本生祖绍芳，字实甫。万历进士，官至左春坊左赞善，著有《宝庵集》。嗣祖绍帝，字德甫。太学生。

工诗文而擅书法。本父同应,字仲从,又字宾瑶。官荫生,著有《药房》,《秋啸》等集;而性阔达好施与。嗣父同吉,早卒。嗣母工氏,是太仆寺卿王守之孙女,王述之女。秉性贞烈,十七岁即未婚守节,泊明社既屋,又不食殉国,且又极孝,断指以疗姑病。县人张大复,曾为文以记其守节及立嗣之经过。我们看了先生的《先妣王硕人行状》所描写之操心与处境后,在一灯荧然之夜,仿佛感到冥冥中自有一种贞英来相对,犹如读注龙庄《变节堂庸训》的情景。中有记其遗言云,"我虽妇人;身受国恩,与国俱亡,义也。汝无为异国臣子,无负世世国恩,无忘先祖遗训,则吾可以瞑于地下。"王太夫人以万历十四年六月二十六日生,宏光元年七月三十日卒,享年六十。其年十二月丁酉,乃葬于其尊翁之墓旁。先生于此不禁感慨系之曰:"王孙贾之立齐子也,而其母安。工陵之事汉玉也,而其母安。若不孝者,何以安吾母。而犹然有砚于斯人之中,将于天崩地坼之日而人葬。桥山之未成,而马鬣之先封也;此不孝所以痛心擗踊,而号诸当世之仁人义士者也。"因此,他觉得"先妣之节之烈,可以不辱仁人义士之笔,而不孝又将以仁人义士之成其志,而益自奋,以无忘属纩之言;则仁人义士之铭之也,锡类之宏,而作忠之至者也,不惟一人一家之褒已也。"声泪俱下,情词笃切,而弦外之昔,又是感喟无穷。我们对于旧道德中的节、孝之类,以目前的标准看来,或者未敢推波助澜,但无论如何却终可以哀矜与同情;尤其对于旧时代的妇女，牺牲至一己性命或青春，去换得某一家门楣的光荣，"不亦大可哀哉？"不过有两点可以令我们理解的是：其一，顾氏之表彰一切节妇贞女义士等言行，其中心自不外在"烈"与"义"，正是每个孤臣孽子之用心，形诸楮墨，自然特别的有声有色。其二，从这里可以看到顾氏不惟是当地一个著性，而世世"身受国恩"，沐浴清化，平时耳目所及，尤多是卓绝的德行，非常的事迹，一旦痛遭大变，对于故君故国，自然更其大恋所存，虽哲不忘了。《日知录》卷十三廉耻条下云：

"五代史冯道传论曰：礼义廉耻，国之四维，四维不张，国乃灭亡。善乎管生之能言也。礼义治人之大德，廉耻立人之大节。盖不廉则无所不取，不耻则无所不为。人而如此，则祸败乱亡，亦无所不至。况为大臣而无所不取，无所不为，则天下有其不乱，国家有其不亡者乎。然而四者之中，耻尤为要。故夫子之论士曰，行己为耻。孟子曰，人不可以无耻，无耻之耻无耻矣。……所以然者，人之不廉，而至于悼礼犯义，其原皆生于无耻也。故士大夫之无耻，是谓国耻。吾观三代以下，世衰道微，弃礼义，捐廉耻，非一朝一夕之故。然而松柏后凋于岁寒，鸡鸣不已于风雨，彼昏之日固未尝无独醒之人也。"

这一段话，特别着重于廉耻，而劈头便引那位《长乐老》

传中管子之论来映衬，其命意所在，当然不必细说了。后面又引《颜氏家训》中齐朝一士大夫，教子学鲜卑语故事，因知者已多，无须转载，至其对此事的评骘则是："嗟乎，之推不得已而仕于乱世，犹为此言，尚有小宛诗人之意。彼阉然媚于世者，能无愧哉！"颜子推是数遭迁革之人，其《观我生赋》云："予一生而三化，备荼苦而蓼辛，"则亭林于征引之余而复加慨叹，原也无怪其然矣。

按《日知录》初刻成于康熙九年庚戌，西历1670，时年58岁。（说见今人唐敬杲选注《顾炎武文》中所附之《亭林先生年表》，商务万有文库本。）然据国学基本丛书本《日知录》所载《道光十四年五月嘉定后学黄叙成叙录》谓：是书"自康熙三十四年，吴江潘栓讨刻于闽中，流行既久……，"云云，似乎颇有参差。而先生自序则云，"炎武所著日知录，因友人多欲抄写，患不能给，遂于上章阉茂之岁，刻此八卷，……渐次增改，得二十余卷，欲更刻之，而犹未敢自以为定，故先以旧本质之同志"。查上章阉茂即庚戌，与唐说合。潘刻或为复刻本。

但奇怪的是专制时代的帝皇，何以全是那种小心眼儿，如目录卷六中明明有"素夷狄行乎夷狄"一条，这回我翻了正文之后，却大有踏破铁鞋之慨。其他的想还有。足见清初文网之森严，真也无微不至了。然如卷十三《正殆》章第二节云：

"有亡国，有亡天下，亡国与亡天下奚辨，曰，易姓改号,谓之亡国。仁义充塞,而至于率兽食人,人将相食,谓之亡天下,魏晋人之清谈,何以亡天下,是孟子所谓杨墨之言,至于使天下无父无君,而入于禽兽者也……。"

这下面所论的,是晋嵇绍因山涛之劝诱而仕晋的故事:绍父嵇康为晋文王所杀,本屏居不就,而涛则谓"为君恩之久矣,天地四时,犹有消息,况于人乎",于是"一时传诵,以为名言。"但顾氏颇不以绍之行动为然,而斥山巨源"为邪说之魁",并以魏晋人之以清谈亡天下。其清末评嵇绍曰:"何怪其相率臣于刘听石勒,观其故主青衣行酒而不以动其心者乎!是故知保天下,然后知保其国,保其国,其君其臣,肉食者诛之,保天下者,匹夫之贱,与有责焉耳矣。"所谓天下兴亡,匹夫有责,其语本此。而嵇绍忘却君父之仇,改变最初意志,在顾氏看来,自然要大声呵斥了。其次,他把亡国与亡天下分别看待,这不能不说是一种卓见。若论"禁毁",则这一节似乎大有资格——而且据说收入《四库》时,已遭清廷的"化装"了。但即使不禁毁又有什么用呢?如满清之卒能安稳地统治了中原,便是一个好而确凿的例子,至于三百年来更少有人理会这种涵义矣!这可见得文字在有的地方或者固然能够"载道",可以"经世",但在另一方面,殆也只有覆瓿之一途与?

顾氏的操守,不但见于晚年的大节,就是平素的出入进

退,也是十分重视。这一点,正是儒家最可贵,最不可及的一面。如其拒绝别人请作应酬文字一事,即可概见,并有与人书云:

"宋史言刘忠肃每戒子弟曰:士当以器识为先,一命为文人。无足观矣。仆自一读此言,便绝应酬文字,所以养其器识,而不堕于文人也。悬牌在室,以拒来请,人所共见,足下尚不知耶?抑将谓随俗为之,而无份于器识耶?中孚为其先妣求传再三,终已辞之,盖止为一人一家之事,而无关于经术政理之大,则不作也。韩文公文起八代之衰,若但作原道、原毁、争臣论、平淮西碑、张中丞传后序诸篇,而一切铭状概为谢绝,则诚近代之泰山北斗矣;今犹未敢评也。此非仆之言,当日刘又已讥。"

顾氏是一个地道的正统派,从目前的眼光看来,有许多见解论断,难免有和我们扞格的地方。但如果综论大体,再加以他卓然不拔的风操,也就未敢信口雌黄了;抑亦刘莘老所谓士当以器识为先者也。因此,在《日知录》卷十九中,有好几个题目,完全采取于文章、器识、立言,修辞方面;并将有关国运兴替的掌故史乘,名言至理而加以条举目张。此正述先圣之元意,整百家之不齐;而其用力之勤,涉览之博,论断之精,在明清之际,盖亦可得而数者矣。如文须有益于天下,文不贵多,著书之难、直言、立言不为一时,文人之多,古人不为人立传、志状不可妄作……诸如此类的标题与材料，足以说明他对于文字的严谨不苟的态度。如他之主张"直言"，劈头就说"天下有道，则庶人不议，然则政教风俗，苟非尽善，即许庶人之议矣"。于是引了盘庚之语，子产不毁乡校，汉文止辇受言，鲁山令元德秀遣乐工歌于荐以感动玄宗，白居易作乐府诗规讽时事诸节，以历来言官之得失，作为政之匡助，词简而意切，也可谓开言论自由的风气了。从表面看来，天下有道庶人相应不议，则苟非尽善自然可以放胆议论。但天下事往往出乎情理之外，这就是愈是"无道"，愈是"非苟尽善"，而庶人愈没有"议"的资格，"议"的余地——而这也正是"道"之所以为"无"也。

总之，遍览全书，有许多地方，至少可以充实一下我们的见识，砥砺我们的操守。古今来一切书籍，有一于此，也就够得上开卷有益四字了。但在某些人看来，岂非又是没落与倒退么？然而我想，我们在说这种话的时候，最好也能抚躬反省一下：在这天下汹汹之际，象顾氏的情操器识，宇宙之大尚有几人？自然，为了彼此所处的时代不同，有些思想议论，亦有须加以取舍与决剔的。

呜呼，"孤臣孽子，其操心也危，其患虑也深"，故其中虽言旧制度处而依然切合当时现实。惜因《古今》篇幅所限，未能多所引证，而鄙人浅陋，尤未能达先生用心于什一，清夜书此，只望能作"知惭愧"之裨助而已。

读史有感

◎ 唐 弢

改读历史这一个问题，很早就有人提出，中间还经过转述，然而现在是冷落了。去年7月号的《申报月刊》上，徐懋庸先生主张学校应该从头采用社会进化史作教本，这意见，是很可注意的。社会进化史一类的书籍，对于现代中国的学生，实在还嫌太隔膜，我们只见"汉武帝雄才大略"，"××之世，比于成康之治"等类的名句，在中学生的脑袋里打旋子，而对于历史演变的因果，却反而非常模糊，这实在不是好现象。

对于历史，我以为不但应该改读，而且还应当改写。社会进化史一类的书籍，固然是切要的，而汉武帝唐太宗辈的史迹，实在也应该知道一点。不过过去的史书，可信的实在很少，就说汉晋时代私撰的史书吧，因为限于见闻，无从广采博记，那结果，只能画出一点粗枝大叶来。到了唐朝，太宗以

"右文"自命，国家设局修史，材料的收集，虽然可以多一点，然而史书既出官撰，就不免时时要打官话，那可信的成分，也越发少下去了。这时候，大家就只得掏野史。

不过我所以说历史要改作或重作的原因还不止此。过去的史家，太着重于英雄的雕塑，而忽略了所以塑成这英雄的群众的力量，和社会的环境。他们所记的是一朝——其实也正是一家的历史，而且这一家里，又只写了几个他们所认为重要的脚色。

但事实上，历史却并不是几个人的历史。

所以就必得要改作。所谓改作，当然不是"牛鬼蛇神"的胡乱去窜改，对于史事，是更加要求其真实，可信的。不过一方面还得用新方法，重新评价，注进进步的世界观去。这样，才能使过去的史实，和眼前的时势发生相连的关系，而明白了现在的所以成为现在的前因后果。这才是历史的最大的意义。

清朝中叶的时候，学者们对于历史的改作和补作，是很起劲的。如汤承烈的《季汉书》，谢启昆的《西魏书》，周济的《晋略》，陈鳣的《续唐书》，邵晋涵的《宋志》。魏源的《新元史》等，其于旧史多所纠正，而写法方面，也很有新的尝试，这毅力，是值得佩服的。

但也还有缺点：他们虽然知道自己以外有红毛人，然而却毕竟还没有新的世界观。

去年以来，著作界开始出现了所谓历史小品，这自然是可喜的事情。不过写这种小品的人并不多,写得好的尤其少。这原因,我想:第一是作者必须有正确的世界观;第二是要有丰富的历史知识。前者主灌注,后者主理解,这对于想改写历史的人们,是必要的。

可是这样的人材却很难得。在近世,我只知道一个韦尔斯(V.G.Wells)。

然而对于中国,我不但希望他有好的历史小品,也希望有韦尔斯,有正确的有着新的世界观的整部史书,无论是改作也好,补作也好,重作也好——我读了一部近人编著的历史书后,心里这样迫切地想。

读《伊索寓言》

◎ 钱钟书

比我们年轻的人,大概可以分作两类。第一种是和我们年龄相差得极多的小辈,我们能够容忍这种人,并且会喜欢而给以保护;我们可以对他们卖老,我们的年长只增添了我们的尊严。还有一种是比我们年轻得不多的后生,这种人只会惹我们的厌恨以至于嫉忌,他们已失掉尊敬长者的观念,而我们的年龄又不够引起他们对老弱者的怜悯;我们非但不能卖老,还要赶着他们学少,我们的年长反使我们吃亏。这两种态度是到处看得见的。譬如一个近三十的女人,对于十八九岁女孩子的相貌,还肯说好,对于二十三四的少女们,就批判得不留情面了。所以小孩子总能讨大人的喜欢,而大孩子跟小孩子之间就免不了时常冲突。一切人事上的关系,只要涉到年辈资格先后的,全证明了这个分析的正确。

把整个历史来看，古代相当于人类的小孩子时期。先前是幼稚的，经过几千百年的长进，慢慢地到了现代。时代愈古，愈在前，它的历史愈短；时代愈在后，它积的阅历愈深，年龄愈多。所以我们反是我们祖父的老辈，上古三代反不如现代的悠久古老。这样，我们的信而好古的态度，便发生了新意义。我们思慕古代不一定是尊敬祖先，也许只是喜欢小孩子，并非为敬老，也许是卖老。没有老头子肯承认自己是衰朽顽固的，所以我们也相信现代一切，在价值上、品格上都比了古代进步。

这些感想是偶而翻看《伊索寓言》引起的。是的，《伊索寓言》大可看得。它至少给与我们三重安慰。第一，这是一本古代的书，读了可以增进我们对于现代文明的骄傲。第二，它是一本小孩子读物，看了愈觉得我们是成人了，已超出那些幼稚的见解。第三呢，这部书差不多都是讲禽兽的，从禽兽变到人，你看这中间需要多少进化历程！我们看到这许多蝙蝠、狐狸等的举动言论，大有发迹后访穷朋友、衣锦还故乡的感觉。但是穷朋友要我们帮助，小孩子该我们教导，所以我们看了《伊索寓言》，也觉得有好多浅薄的见解，非加以纠正不可。

例如蝙蝠的故事：蝙蝠碰见鸟就充作鸟，碰见兽就充作兽。人比蝙蝠就聪明多了。他会把蝙蝠的方法反过来施用：在鸟类里偏要充兽，表示脚踏实地；在兽类里偏要充鸟，表示高超出世。向武人卖弄风雅，向文人装作英雄；在上流社会里他是又穷又硬的平民,到了平民中间,他又是屈尊下顾的文化分子:这当然不是蝙蝠,这只是——人。

蚂蚁和促织的故事:一到冬天,蚂蚁把在冬天的米粒出晒;促织饿得半死,向蚂蚁借粮,蚂蚁说:"在夏天唱歌作乐的是你,到现在挨饿,活该!"这故事应该还有下文。据柏拉图《菲得洛斯》对话篇说,促织进化,变成诗人。照此推论,坐看着诗人穷饿、不肯借钱的人,前身无疑是蚂蚁了。促织饿死了,本身就做蚂蚁的粮食;同样,生前养不活自己的大作家,到了死后偏有一大批人靠他生活,譬如,写回忆怀念文字的亲戚和朋友,写研究论文的批评家和学者。

狗和它自己影子的故事:狗衔肉过桥,看见水里的影子,以为是另一只狗也衔着肉,因而放弃了嘴里的肉,跟影子打架,要抢影子衔的肉,结果把嘴里的肉都丢了。这篇寓言的本意是戒贪得。但是我们现在可以应用到旁的方面。据说每个人需要一面镜子,可以常常自照,知道自己是个什么东西。不过,能自知的人根本不用照镜子;不自知的东西,照了镜子也没有用——譬如这只衔肉的狗,照镜以后,反害他大叫大闹,空把自己的影子,当作攻击狂吠的对象。可见有些东西最好不要对镜自照。

天文家的故事:天文家仰面看星象,失足掉在井里,大叫"救命";他的邻居听见了。叹气说:"谁叫他只望着高处,不管地下呢!"只向高处看,不顾脚下的结果,有时是下井,有时是下野或者下台。不过，下去以后，决不说是不小心掉下去的，只说有意去做下层的调查和工作。譬如这位天文家就有很好的借口：坐井观天。真的，我们就是下去以后，眼睛还是向上看的。

乌鸦的故事：上帝要拣最美丽的鸟做禽类的王，乌鸦把孔雀的长毛披在身上，插在尾巴上，到上帝前面去应选，果然为上帝挑中，其他鸟类大怒，把它插上的毛羽都扯下来，依然现出乌鸦的本相。这就是说，披着长头发的，未必就真是艺术家；反过来说，秃顶无发的人当然未必是学者或思想家，寸草也不生的头脑，你想还会产生什么旁的东西？这个寓言也不就此结束，这只乌鸦借来的羽毛全给人家拔去，现了原形，老羞成怒，提议索性大家把自己天生的毛羽也拔个干净，到那时候，大家光着身子，看真正的孔雀、天鹅等跟乌鸦有何分别。这个遮羞的方法至少人类是常用的。

牛跟蛙的故事：母蛙鼓足了气，问小蛙道："牛有我这样大么？"小蛙答说："请你不要涨了，当心肚子爆裂！"这母蛙真是笨坯！她不该跟牛比伟大的，她应该跟牛比娇小的。所以，我们每一种缺陷都有补偿，吝啬说是经济，愚蠢说是诚实，卑鄙说是灵活，无才便说是德。因此世界上没有自认为一无可爱的女人，没有自认为百不如人的男子。这样，彼此各得其所，当然不会相安无事。

老婆子和母鸡的故事：老婆子养只母鸡，每天下一个蛋。

老婆子贪心不足,希望她一天下二个蛋,加倍喂它。从此鸡愈吃愈肥,不下蛋了——所以戒之在贪。伊索错了!他该说:大胖子往往是小心眼。

狐狸和葡萄的故事:狐狸看见藤上一颗颗已熟的葡萄,用尽方法,弄不到嘴只好放弃,安慰自己说:"这葡萄也许还是酸的,不吃也罢!"它就是吃到了。还要说:"这葡萄果然是酸的。"假如它是一只不易满足的狐狸,这句话它对自己说,因为现实终"不够理想"。假如它是一只很感满意的狐狸,这句话他对旁人说,因为诉苦经可以免得旁人来分甜头。

驴子跟狼的故事:驴子见狼,假装腿上受伤,对狼说:"脚上有刺,请你拔去了,免得你吃我时舌头被刺。"狼信以为真,专心寻刺,被驴踢伤逃去,因此叹气说:"天派我做送命的屠夫的,何苦做治病的医生呢尸这当然幼稚得可笑,他不知道医生也是屠夫的一种。

这几个例可以证明《伊索寓言》是不宜做现代儿童读物的。卢梭在《爱弥儿》卷二里反对小孩子读寓言,认为有坏心术,举狐狸骗乌鸦嘴里的肉一则为例,说小孩子看了,不会跟被骗的乌鸦同情,反而羡慕善骗的狐狸。要是真这样,不就证明小孩子的居心本来欠好吗?小孩子该不该读寓言,全看我们成年人在造成什么一个世界、什么一个社会,给小孩子长大了来过活。卢梭认为寓言会把纯朴的小孩教得复杂了,失去了天真,所以要不得。我认为寓言要不得,因为它把纯朴的小孩教得愈简单了，愈幼稚了，以为人事里是非的分别、善恶的果报，也像在禽兽中间一样公平清楚，长大了就处处碰壁上当。缘故是，卢梭是原始主义者，主张复古，而我是相信进步的人——虽然并不像寓言里所说的苍蝇，坐在车轮的轴心上，嗡嗡地叫："车子的前进，都是我的力量。"

谈《简·爱》

◎ 聂绀弩

《简·爱》这部小说，以对话胜。它的对话，尤其是谈爱时的对话，使人觉得简·爱小姐浑身都是幸福感。同时，人物的身份，性格智慧，也都用对话表出，迷惑人，使人非一口气看完不可。我看过两次，都是一口气看完的。

但是我不喜欢这部书。

《金瓶梅》里面有一个宋惠莲，即来旺儿媳妇，是西门庆家里的女佣。一跟西门庆勾搭上了之后，马上就在别的女仆们面前摆起半个主妇的架子，自以为一步升天，比别的奴仆的身份高了许多，不但唤这个，使那个，并且常常用"看我跟不跟他（西门庆）说"之类的话威吓别人，恐怕也真告了一些"枕头状"的。我厌恶她！

简·爱小姐不是有夫之妇，也不是奴仆，不必说：她是一个有钱的地主家里的保姆，一和主人恋爱，就感觉得幸福，光荣，而爆发着感激之情，在我，是不能不反感的。那位主人，比她大 20 岁，不漂亮，早年曾经胡调过，保姆所教的孩子就是他曾结交的一个女戏子的私生女，一直在走到结婚礼坛之前，却没有告诉她曾经结过婚，有个怎样的妻子；刚刚相反，倒是竭力瞒住的。如果不是别人揭破，什么时候会自白出来，很成问题，这个人的可爱处岂不很可疑？然而他的地位，他的财产眩惑了简·爱小姐，关于地位、财产书中提到的太多了，几乎到处都是，不能一一列举，这里只提到几点在她的心灵上影响最显著的几处：当主人请她接受他作她的丈夫的时候，她说：

"什么，我？这个除了你之外世间没有朋友，除了你给我的之外没有一个先令的我？"

在主人迫不及待她的应允，说"你苦我！"的时候，她说：

"这我怎能作得到？假如你忠实，你的求婚是真的，我对你所有的感情一定只是感谢与忠诚一这些并不苦人呵。"

——第二十三章

在主人说她成为"罗契司特尔太太"的时候，她说：

"这绝对不能够，先生；这说来不近真情。人在现世绝不能享乐完全的幸福。我不是生来和其余的同类命运不同。想象我会遇到这样的运气，只是一篇童话，一场昼梦罢了。"

——第二十四章

更和以前自己对自己说：

"简·爱，听着你的判词吧：明天，把镜子摆在你面前：忠实的用粉笔画下你自己的像来，不要减轻一个缺陷；不要略去一道粗文线，不要掩饰令人不欢喜的不端方；在下面写上；'一个贫穷，不美，没有关系人的保姆的画像'。"

以及以后重逢的时候，主人说，喜欢牺牲的时候，她说：

"牺牲！我牺牲什么？牺牲饥饿，得到食物，牺牲期望得到满足。有权利抱我所重视的人，吻我所爱的人，依赖我所信托的人：这是牺牲吗？若是，那我确是欢喜牺牲的。"

互相参证起来，自惭形秽，不敢高攀，受宠若惊，恍如梦寐，心满意足，死心塌地等等之心理过程，其实都是从地位与财产的眩惑而来。一明了这些，书的魔力和简.爱的爱力，就都成为不重视的了，作者似乎也觉得财产在这对爱人中的威力太大，就努力弥缝，说殷格来姆小姐才是为了财产而恋爱的，以表明简·爱不是，后来还故意使男主角变穷，简·爱反而变富了，等她富了之后，还把财产平分给表兄弟们，以表示她并不爱财，等等。但这些弥缝，不但无力，倒使这书提到财产之处更多，正如老话："欲盖"反而"弥彰"了。

恋爱不是无条件的，地位与财产不是不足以影响爱心；世上更不是没有一无所守，一心往高处爬，爬上去了就洋洋自得，像宋惠莲那样的人，或这种人究竟只是少数。但艺术是灵魂的启迪，应该使人灵魂向上，恋爱的条件，应该更多地放在心灵的光辉方面。《简·爱》不过是世俗观念，市侩观念的表扬，作为艺术品，它不应得到较高的评价。或者这书是憎恶"阶级制度"的，这意思，书里面不是找不出证据来，但且不说作者对阶级的观念对不对，只说不同的阶级虽然爱和结婚了，阶级本身仍然如故毫无损伤。而把低阶级的人写成往上爬的，假如用来代表低阶级，对低阶级却是一种侮辱。

此外，这书提出了一个问题：一个男子受骗而娶了一个不爱的疯癫的妻子之后，是否可以重婚？这确是一个问题。可惜的是并没有解答。那主人是想重婚的，他不认为在这样的情形之下，重婚是一种犯罪；简·爱呢，发现他是重婚之后，不愿意做"情妇"，逃跑了，为了习俗，牺牲了爱。可是若干时日之后，受了爱的压迫，又跑回去；这不好像要摆脱习俗的羁绊了么？作者却没有这种勇气，倒叫那疯妇死去了，问题于是不复存在，一对婚人圆满地结婚了。正是如火如荼。看得起劲的时候，突然一下子烟消云散了！我感觉得受了骗。早知如此，何必提什么问题呢？

为了这书只是一个保姆和主人恋爱，结婚，如斯而已。

这，未免太简单，甚至连作为短篇都无意思，作者这才找了一些人物，故事来铺张。那些人物，殷格来姆小姐也好，马逊也好，疯了的主妇也好，都是随手邀来，随手放下，可有可无的东西；那些穿插更无必要，更无现实意味。圣约翰兄妹比较有现实性。但是是另外一回事，简直可以独立，与这书的主线几乎没有关系。

  附带一点，一个晚上，男的忍不住寂寞吧，向野外喊："简·爱！简·爱！"听见声音回答："我来了……"你在哪里？"同时，简·爱，在遥远的别处，听见有人喊她，而跑出来回答："我来了……"据说，不是迷信而是宗教上的什么东西。这在宗教上有怎样的意义，不知道；但它确没有为这书增加一点什么。假如有，也不过使人觉得作者不太老实而已。

我读《女神》的时候

◎ 冯 至

"五四"运动发生时,我是一个中学三年级的学生。在这以前,学校里"国文"课讲授的是先秦诸子、汉赋和唐宋的古文,作文时写的也是古文;我的年龄不过十四五岁,思想感情却好像比现在还老得多。什么是诗,我并不知道,也没有读过几首诗,更不必说写诗了。只觉得写诗是一件很不容易的事。"五四"运动对于青年人像是在漫漫的长夜之后东方忽然破晓一般,面前呈现出那么多新鲜的事物,使人有应接不暇之感。《新青年》已经有了三四年的历史,至于我知道有这么一个杂志存在,则是在"五四"运动以后。从此每期必读,"五四"以前的几卷也找来翻阅,作为"补课"。以后阅读的范围渐渐扩大,其他的刊物如《新潮》、《少年中国》等,以及北京《晨报》的副刊,都成为我经常的读物。读的时候,既无选择,也没有判断力，认为只要是提倡新文化的刊物，就是对的。通过这些刊物，我接触到新诗。那些刊物里的诗，它们的作者刚刚摆脱了旧的思想和旧的形式，如今看来，大部分是粗糙的、肤浅的，这也是很自然的道理。但当时我把它们当作学习的榜样，自己也写起诗来，可以说，我的写诗是这样的基础上开始的，至于中国古典诗歌，我知道得还很稀少。

从1919夏天到1920夏天，除了应付学校的课程以外，就是左一本右一本地读那些雨后春笋般的各种各样的杂志。杂志读得多了，觉得自己也有话要说了，于是想办杂志。和几个同学筹划了一些时候，一个小型的刊物就办成了，当自己写的文章和诗登在铅字印的小册子上时，感到一种快乐。以我们那时写作的水平而论，若是把我们的文章寄到国内任何一个报刊上去，我相信是没有一个地方会给发表的。说是发表欲也好，说是虚荣心也好，那种办杂志的愿望和愿望实现后的快乐在一些青年中间是相当普遍的。这种现象的原因，不外乎是作为一个新时代的青年，要在反帝、反封建运动中许多的事物和问题面前表达一些自己的意见，并且愿意围绕着几份大杂志，象是小兵围绕着主将一般起些摇旗呐喊、助长声势的作用。我们的刊物，读者寥寥无几，但是它却加强了自己写作的兴趣，可是写着写着也不免要发生疑问：这些东西有没有一点价值呢？后来一方面由于经费困难，一方面自己写的东西越来越不能满意，随着中学毕业刊物也就结束了。

　　这时我和诗却发生了难以割舍的感情。我起始读中国古典的诗歌，但不知怎样向它学习。可供学习、可供借鉴的仍然是报刊上发表的新诗和少数不很高明的译诗；尽管中国新诗在一年内有了一定的发展，它却越来越不能满足我的要求了。正在这时期，我读到了郭沫若、田汉、宗白华三人的通信集《三叶集》。这部《三叶集》，现在已经很难以找到，它的作者们如今也不会把它当作他们重要的作品吧，但当时对我却起了诗的启蒙作用。我从这三个朋友热情充沛的长信里首先知道了什么是诗，知道了一些诗人的名字，尤其是歌德的名字，注意到上海《时事新报》的《学灯》上发表过的《凤凰涅槃》和《天狗》那样的诗。如今我还记得，作者在《三叶集》的序里曾经以歌德的《少年维特之烦恼》出版后在德国发生的"维特热"为例，希望在中国也掀起一番"三叶集热"。《三叶集》在一般读者中间引起了什么反应，我不知道，而在我的心中，确实是掀起过一种"热"的。那是1920年的下半年，我中学毕业后没有入大学，住在故乡的小城内，没有一个朋友，这个小册子便成为我的伴侣，我经常读它，从中吸取养分。随后我进一步到处找它的作者们其他的作品来读，直到第二年《女神》出版了，我的面前展开了一个辽阔而丰富的新的世界。

　　我那时对于《女神》的理解也是片面的，但它对我起的作用是很大的。当时一般的新诗不是浮浅地描绘社会的矛盾和自然界的现象，就是进行干枯的说理和说教，这是使我感到不满足的原因。而我自己，思想贫乏，想象力薄弱，艺术技巧是低下的，也写不出一首自己认为是像样子的诗。往往写出一首诗，一时很高兴，过了几天，再把它和我感到不满的、报刊上发表的新诗相比，觉得还远远地不如它们。一个十几岁的青年，没人指导，没有朋友，看不见将来的出路，一切都在暗中摸索，说是要搞文学，而文学到底是怎么回事，又怎样去搞，尽管每天如饥似渴地去抓那些新刊物，毕竟还是十分茫然的。《女神》的出版，对我是多么丰富的一个赠品呵！

《女神》给我的影响，首先是使我看到诗的领域是这样宽广。当我住在狭隘的、窒闷的小城里读到诗人向世界上一切崇高的事物和人物祝贺"晨安"、向古今中外的"匪徒"倾泄热情的赞颂、让他的想象奔腾在金字塔旁和贝加尔湖畔、以无限的关怀神驰于英国牢狱中绝食而死的爱尔兰烈士的身边时，我的思想和感情得到很大的解放。我第一次看到，古代的神话和历史人物在新诗里出现，而又是那样新鲜、炫丽。当我读到《湘累》里水中的歌声——

　　九嶷山上的白云有聚有消，
　　洞庭湖中的流水有汐有潮……

以及女神的歌唱——

　　姊妹们，新造的葡萄酒浆，
　　不能盛在那旧了的皮囊。

> 我为容受你们的新热、新光,
>
> 要去创造新鲜的太阳!

和黑暗中女性的声音——

> 海水中早听着晨钟在响:
>
> 丁当,丁当,丁当。

的时候,好像听到了人间最明朗、最清脆的声音,青年人的心怎么会不为之激动呢?

当时描绘自然的诗,大多数是记帐式的叙述,不是"花是红的草是绿的",就是把面前的景物罗列在一起,不给人以任何印象。和这些诗相比,《女神》里的自然诗就迥然不同,像《霁月》里第三、第四两节——

> 我身上觉着轻寒,
>
> 你偏那样地云衣重裹,
>
> 你团栾无缺的明月呀,
>
> 请借件缟素的衣裳给我。
>
> 我眼中莫有睡眠,
>
> 你偏那样地雾帷深锁。
>
> 你渊默无声的银海呀,
>
> 请提起幽渺的波音和我。

无论在意境上、或是语言上都是别开生面的,。既不同于古代的自然诗,也不同于当时一般的新诗。现在看来,这样的诗并不能和《女神》里其他强烈的革命的诗篇放在同等的地位上，但在当时，的确给我以一种新鲜的感觉。

此外，《女神》也使我起始认识到语言的音乐性和形象化在诗歌中的重要意义。

总之，有了《女神》，我才知道什么样的诗是好诗，我对于诗才初步有了欣赏和批判的能力；有了《女神》，我才明确一首诗应该写成什么样子，对自己提出较高的要求，应该向哪个方向努力。从此以后，我才渐渐能够写出可以叫作"诗"的诗，这期间虽然尝到不少摸索和失败的苦恼，但是写诗却没有中断过。我由于自己的思想有很大的局限，从《女神》的艺术技巧方面、浪漫主义的想象方面学到的较多，从思想方面、从革命精神的感受方面学习得很不够。所以当《女神》的作者后来随着国内革命形势的发展投身于革命的洪流、站在无产阶级立场写出《诗的宣言》时，我的诗仍然是停留在只是抒写个人哀乐的范围里。

现在，我们对于《女神》有了较为全面的理解，我们认识到《女神》是给中国新诗奠定了基础，使新诗脱离了那幼稚的、粗浅的状态，并且给当时写新诗的青年人不少宝贵的启发，我回想过去，从个人的经验里对于这些是有切身的感受的。

读　书

◎ 叶圣陶

听说读书，就引起反感。何以致此，却也有故。文入学士之流。心营他务，日不暇给，偏要搭起架子，感喟地说："忙乱到这个地步，连读书的功夫都没有了。"或者表示得恬退些，只说最低限度的愿望："别的都不想，只巴望能安安逸逸读点儿书。"这显见得他是天生的读书种子，做点儿其实不相卜的事就似乎冤了他，若说利用厚生的笨重工作，那是在娘胎里就没有梦见过，这般荒唐的骄傲意态，只有回答他一个不理睬了事。衣锦的人必须昼行，为的是有人艳羡，有人称赞，衬托出他衣锦的了不起。现在回答他一个不理睬，无非让他衣锦夜行的意思。有朝一日，他真个有了读书的功夫了，能安安逸逸读点儿书了，或者像陶渊明那样"不求甚解"，或者把一句古书疏解了三四万言，那也只是他个人的事，与别人毫不相干。

还有政客、学者、教育家等人的"读书救国"之说。有的说得很巧妙,用"不忘""即是"等字眼的绳子,把"读书"和"救国"穿起来,使它颠来倒去都成一句话。若问读什么书,他们却从来不曾开过书目。因此人家也无从知道究竟是半部《论语》,还是一卷《太公兵法》,还是最新的航空术。虽然这么说,他们欲开而未开的书目也容易猜。他们要的是干练的帮手,自然会开足以养成这等帮手的书;他们要的是驯良的顺民,自然会开足以训练这等顺民的书。至于救国,他们虽然毫不愧怍地说"已有整个计划","不乏具体方案",实际却最是荒疏。救国这一目标也许真能从读书的道路达到,世间也许真有足以救国的书,然而他们未必能,能也未必肯举出那些书名来。于是,不预备做帮手和顺民的人听了照例的"读书救国"之说,安得不"只当秋风过耳边"?

还有小孩进学校,普通都称为读书。父母说:"你今年六岁了,送你到学校里去读书吧。"教师说:"你们到学校里来,要好好儿读书。"嘴里说着读书,实际做的也只是读书。国语科本来还有训练思想和语言的目标,但究竟是工具科目,现在光是捧着一本书来读,姑且不说它。而自然科、社会科的功课也只是捧着一本书来读,这算什么呢?一只猫,一个苍蝇,一处古迹,一所公安局,都是实际的东西,可以直接接触的。为什么不让小孩直接接触,却把这些东西写在书上,使他们只接触一些文字呢?这样地利用文字,文字就成为闭塞智慧的阻碍。然而颇有一些教师在那里说："如果不用书，这些科目怎么能教呢?"而切望子女的父母也说："进学校就为读这几本书!"他们完全忘了文字只是一种工具，竟承认读书是最后的目的了。真要大声呼喊"救救孩子"！

读书当然是甚胜的事，但是必须把上面说起的那几种读书除外。

读书的习惯

◎ 钱歌川

人类的知识大都是从眼睛输入的,用耳朵听来的东西,毕竟有限,所谓耳食者流所得到的知识,不外乎是一些道听途说,学生治学,固然要听,但是更重要的还是在读。英国大学里有些学生终年不去听讲,学校里也让他们如此,而且多认为他们是优秀学生,考试起来果然比每天去听讲的学生成绩还要好,因为勤读胜于勤听,名师讲授,同学共享,只有自修,才是一人独得。

古今的大学者没有不勤读的,囊萤凿壁,比我们现在的一灯如豆,还要不方便得多,但学问就是这样得来。苏东坡说:"读破万卷自通神",可见学问并不难,只在多读,你如果手不释卷,必然会有成就,甚至偶然翻阅,也就开卷有益。

可是现在很少有人手上拿着书本。终日终夜,不离牌桌的人，我曾见到过，废寝忘餐，手不释卷的人，却尚未遇到。一般人买书，大都是拿来作装饰品的，永远陈列在书架上，很少拿到手中来读。这些书要他们去读，条件很多，第一得有明窗净几，其次得有清闲，再次得有心情；地方不好不能读书，时间不长不能读书，心情不定也不能读书。懒学生还有一首解嘲的打油诗：春来不是读书天，夏日炎炎很好眠，秋多蚊虫冬多雪，一心收拾到明年。

阔公子有了明窗净几，又有的是清闲；但还是不能读书，因为他没有那种心情，穷小子终日忙于做工糊口，也没有时间读书。军人忙于打仗，商人忙于赚钱，政客忙于酬应，男子忙于做事，女子忙于说话，少年忙于寻乐，老人忙于怀旧，甚至闲人也忙于逛街，或坐茶馆，或凑热闹，似乎谁都不能读书。其实，他们并不是不能读书，而只是不去读书罢了。要读书谁都可以读，决不受任何限制，读书的条件，就在养成读书的习惯，其余皆不足道。

一般人为着生活关系，没有充分的时候去读书，这也是实在的情形。除了少数有闲阶级的阔人以外，谁都不免要为名利，或至少为衣食而终日奔走忙碌，如果一定要等到把生活问题解决了，闲居无所事事，然后再来从容读书，这无异待河之清，可说永远无此机会，因为人的欲望无穷，等到生活问题，在布衣粗食之下可以解决的时候，他又想到美食暖衣，朱门绣户，即令有了丰衣足食，华屋良田，他仍然不肯罢休。所谓水涨船高，生活的标准既然随时有变，这问题也就永远不能解决了。我认为要读书决不可等待那种无尽悠闲的到来才开始，应该随时随地利用空余的时间来读，把那种读书的习惯，织入我们的生活中去，作为我们日常工作的调剂品。那末，事也做了，书也读了，一点光阴也没有虚掷。

你不要以为五分钟做不了什么事，把一百个五分钟集起来，就差不多等于一个整天。我尝听见善于治家的人说，爱惜厨房里一粒米，就可以成为一笔家产。我们利用五分钟的余暇去读书，也就可以成为一个学者。

利用余暇去读书是轻而易举的，大家之所以不这样做，仅是因为没有这种习惯而已，英国人在电车上读书的风气很盛，每天都要出外工作，起码有一个钟头在电车上，预备一本书专门在车上读，不过几天也就读完了，日积月累，一年读四五十本书。也不算稀奇。我们对于这种废时不去利用，实在未免可惜。

英国人利用废时读书，不仅在有规律的电车上，即在饭馆菜馆中亦莫不为然。至于在休假日，夫妇约好同出游玩，丈夫至多取一根手杖就可以出门，太太则不免要去戴顶帽子。可是每当那丈夫在楼下等着太太去戴帽子的时候，他照例翻开一本书来读，等他太太把帽子戴好姗姗地走下楼来，他手中的书，也就起码读完两章了。中国的丈夫却不晓得这样做，所以在楼下不仅独自等得心焦，而他太太一再地被他催促，也就老不耐烦，常常把一个快乐的计划，弄成不欢的结果。

如果大家都有了这种读书的习惯，不仅国民的知识可以逐年提高，而且闲事也就不会有人爱管了。枕边有一本书，可以免得翻来覆去睡不着的苦，厕上有一本书，也就可以辟除恶臭。

我常想洋车上是一个很好读书的地方。拉到了车夫自然会停下，不像乘电车一不当心就驶过了目的地。可惜我现在只能走路，没有乘洋车的福分了。每天白白地在街上糟塌了一两个钟头。哦，如果我能利用这种时间读书的话……

读书的经验

◎ 谢六逸

我幼小时没有进过私塾，完全由我的父亲母亲教我。父亲教我读的书，使我受印象最深的，是一部《史鉴节要》。这书是他手抄的，他善作楷书，很工楷的写在雪白的厚棉纸上，装订得很精致，引起我对于书籍的嗜好。母亲能够暗诵许多诗词，她教给我许多诗，使我印象最深的，是韩愈的《符读书城南》。

我对于书籍从小时就有一种爱好癖。在家乡时，由高小到中学，从来没有因为读的事使我的父母生气。我记得在13岁时，常常跑到我父亲的藏书楼上去翻书，从早晨到天晚，只下楼吃两顿饭。后来被我翻着了一部《绿野仙踪》，便将它慢慢地看起来，觉得其中有几段很有滋味。隔几天又翻到一部《飞驼子传》，书中的谚语很多，弄得莫名其妙。

中学毕业的那一年，就考得了官费，到日本留学。在留学时期，有两个地方我永远不能忘记。一是早稻田大学的图书馆，一是东京郊外的吉祥寺。这两处地方帮助我，使我多读几本书，那时的吉祥寺，真是读书好地方，不像现在是时髦男女的幽会场所。

我的记忆力还好，无论书籍或论文，看过一遍之后，留在脑里的印象，总有半年以上不会消失。作品里的警句，我更能记忆得长久些。

我的读书的方法没有一定，有时作 Notes，有时用铅笔在书上乱涂线条，有时从头至尾没有做什么记号。

使我的读书能率增进的季节，是夏天和秋天，春天也还可以，我最憎恶冬天。我最痛恨的，就是"围炉读书"，"躺在沙发上读书"，"泡一壶佳茗读书"，等等调儿。

我看书时不怕喧嚣，孩子在身旁吵闹也可以看下去。有几次我看书时，"太太"在我的旁边对我说话，我完全没有听见，因此尝受非难云。

我的信条是多读，深思，慎作。

读书的艺术

林语堂

诸位，兄弟今日重游旧地，以前学生生活苦乐酸甜的滋味，都一一涌上心头。不但诸位所享弦诵的快乐，我能了解，就是诸位有时所受教员的委曲磨折，注册部的挑剔为难，我也能表同情。兄弟今日仍在读书时期，所不同者，不怕教员的考试，无虑分数之高低，更无注册部来定我的及格不及格，升级不升级而已。现就个人所认为理想的方法，与诸位学生通常的读书方法比较研究一下。

余积 20 年读书治学的经验，深知大半的学生对于读书一事，已经走入错路，失了读书的本意。读书本来是至乐的事，杜威说，读书是一种探险，如探新大陆，如征新土壤；法郎士也已说过，读书是"灵魂的壮游"，随时可发见名山巨川、古迹名胜、深林幽谷、奇花异卉。到了现在，读书已变成仅求幸免扣分数、留班级的一种苦役而已。而且读书本来是个人自由的事，与任何人不相干，现你们读书，已经不是你们的私事，而处处要受一些不相干的人的干涉，如注册部及你们的父母妻室之类。有人手里拿一本书，心里想我将何以赡养父母，俯给妻子，这实在是一桩罪过。试想你们看《红楼》、《水浒》、《三国志》、《镜花缘》，是否你们一己的私事，何尝受人的干涉，何尝想到何以赡养父母，俯给妻子的问题？但是学问之事，是与《红楼》《水浒》相同，完全是个人享乐的一件事。你们若不能用看《红楼》《水浒》的方法去看哲学、史学、经济学大纲，你们就是不懂得读书之乐，不配读书，失了读书之本意，而终读不成书。你们能用真用看《红楼》《水浒》的方法去看哲学、史学、科学的书，读书才能"成名"；若徒以注册部的方法读书，你们最多成了一个"秀士"、"博士"，成了吴稚晖先生所谓"洋绅士"、"洋八股"。

  我认为最理想的读书方法，最懂得读书之乐者，莫如中国第一女诗人李清照及其夫赵明诚。我们想像到他们夫妇典当衣服，买碑文水果，回来夫妻相对展玩咀嚼的情景，真使我们向往不已。你想他们两人一面剥水果，一面赏碑帖，或者一面品佳茗，一面校经籍，这是如何的清雅，如何得了读书的真味？易安居士于《金石录后序》自叙他们夫妇的读书生活，有一段极逼真极活跃的写照。她说："余性偶强记，每饭罢坐归来堂，烹茶指堆积书史，言某事在某书卷第几页第几行，以中否角胜负,为食茶先后。中即举杯大笑,至茶倾覆怀中,反不得饮而起。甘心老是乡矣!故虽处忧患困穷,而志不屈。……收藏既富,于是几案罗列,枕席狼藉,意会心谋,目往神授,乐在声色狗马之上。……"你们能用李清照读书的方法来读书,能感到李清照读书的快乐,你们大概也就可以读书成名,可以感觉读书一事,比巴黎跳舞场的"声色",逸园的赛"狗",江湾的赛"马"有趣。不然,还是看逸园赛狗,江湾赛马比读书开心。

什么才叫做真正读书呢?这个问题很简单。一句话说,兴味到时,拿起书本就读,这才叫做真正的读书,这才不失读书之本意。这就是李清照的读书法。你们读书时,须放开心胸,仰视浮云,无酒且过,有烟更佳。现在课堂上读书连烟都不许你抽,这还能算为读书的正轨吗?或在暮春之夕,与你们的爱人,携手同行,共到野外读《离骚经》;或在风雪之夜,靠炉围坐,佳茗一壶,淡巴菇一盒,哲学、经济、诗文、史籍十数本狼藉横陈于沙发之上,然后随意所之,取而读之,这才得了读书的兴味。现在你们手里拿一书本,心里计算及格不及格、升级不升级,注册部对你的态度如何,如何靠这本书骗一只较好的饭碗,娶一位较漂亮的老婆——这还能算为读书,还配称为"读书种子"吗?还不是沦为"读书谬种"吗?

有人说,如林先生这样读书方法,简单固然简单,但是读不懂如何,而且不知成效如何?须知世上决无看不懂的书,有之便是作者文笔艰涩，字句不通，不然便是读者的程度不合，见识未到。各人如能就兴味与程度相近的书选读，未有不可无师自通，或者偶有疑难，未能遽然了解，涉猎既久，自可融会贯通。试问诸位少时看《红楼》《水浒》何尝有人教，何尝翻字典，你们的侄儿少辈现在看《红楼》《西厢》，又何尝须要你们去教？许多人今日中文很好，都是由看小说《史记》得来的，而且都是背着师长，偷偷摸摸硬看下去。那些书中不懂的字，不懂的句，看惯了就自然明白。学问的书也是一样，常看下去，自然会明白，遇有专门名词，一次不懂，一次不懂，三次就懂了。只怕诸位不得读书之乐，没有耐心看下去。

所以我的假定是学生会看书，肯看书，现在教育制度是假定学生不会看书，不肯看书。说学生书看不懂，在小学时可以说，在中学还可以说，但是在聪明学生，已经是一种诬蔑了。至于已进大学还要说书看不懂，这真有点不好意思吧！大约一人的脸面要紧，年纪一大，即使不能自己喂饭，也得两手拿一只饭碗硬塞到口里去，似乎不便把你们的奶妈干娘，一齐都带到学校来给你们喂饭，又不便把大学教授看做你们的奶妈干娘。

至于"成效"，我的方法可以包管比现在大学的方法强。现在大学教育的成效如何，大家是很明了的。一人从6岁一直读到26岁大学毕业，通共读过几本书？老实说，有限得很。普通大约总不会超过四五十本以上。这还不是跟以前的秀才举人相等？从前有一位中了举人，还没听见过《公羊传》的书名，传为笑话。现在大学毕业生就有许多近代名著未曾听过名字，即中国几种重要丛书也未曾见过。这是学堂的不是，假定你们不会看书，不要看书，因此也不让你们有自由看书的机会。一天到晚，总是摇铃上课，摇铃吃饭，摇铃运动，摇铃睡觉。你想一人的精神是有限的，从8点上课一直到下午四五点，还要运动、拍球，哪里还有闲工夫自由看书呢？而且凡是摇铃，都是讨厌，即使摇铃游戏，我们也有不愿意之时，何况是摇铃上课？因为学堂假定你们不会读书，不肯读书，所以把你们关在课堂，请你们静坐，用"注射""灌输"的形式，由教员将知识注射入你们的脑壳里。无如常人头颅都是不透水的，所以知识注射普通不大成功。但是比如依我方法，假定你们是会看书，要看书，由被动式改为自动式的，给你们充分自由看书的机会，这个成效如何呢？间尝计算一下，假定上海光华、大夏或任何大学有1000名学生，每人每期交学费100元，这一千名学费已经合共有100000元。将此十万元拿去买书，由学校预备一间空屋置备书架，扣了5000元做办公费，（再多便是罪过），把这95000元的书籍放在那间空屋，由你们随便胡闹去翻看，年底拈阄分配，各人拿回去95元的书，只要所用的工夫与你们上课的时间相等，一年之中，你们学问的进步，必非一年上课的成绩所可比。现在这十万元用到那里去？大概一成买书，而九成去养教授，及教授的妻子，教授的奶妈，奶妈又拿又买奶妈的马桶，这还可以说是把你们的"读书"看做一件正经事吗？

假定你们进了这10万元书籍的图书馆，依我的方法，随兴所之去看书，成效如何呢？有人要疑心，没有教员的指导，必定是不得要领，乱杂无章，涉猎不精，不求甚解。这自然是一种极端的假定。但是成绩还是比现在大学教育好。关于指导，自可编成指导书及种种书目。如此读了两年可以抵过在大学上课四年。第一样。我们须知道读书的方法，一方面要几种精读。一方面也要尽量涉猎翻览。两年之中能大概把20万元的书籍，随意翻览。知其书名、作者、内容大概，也就不愧为一读书人了。第二样，我们要明白，学问的事。决不是如此呆板。读书必求深入，而欲求深入，非由兴趣相近者入手不可。学问是每每互相关连的。一人找到一种有趣味的书，必定由一问题而引起其他问题，由看一本书而不能不去找关系的十几种书，如此循序渐进，自然可以升堂入室，研磨既久，门径自熟；或是发见问题，发明新义，更可触类旁通，广求博引，以证己说，如此一步一步的深入，自可成名。这是自动的读书方法。较之现在上课听讲被动的方法，如东风过耳，这里听一点，那里听一点，结果不得其门而入，一无所获，强似多多了。第三，我们要明白，大学教育的宗旨，对于毕业生的期望，不过要他博览群籍而已（Be a well-read man），并不是如课程中所规定，一定非逻辑80分，心理75分不可，也不是说心理看了183页讲义，逻辑看了203页讲义，便算完事。这种的读书，便是犯了孔子所谓"今汝昼"的毛病。所谓博览群籍，无从定义，最多不过说某人"书看得不少"，某人"差一点"而已，哪里去定什么限制？说某人"学问不错"，也不过这么一句话而已，哪里可以说某书一定非读不可，某种科目是"必修科目"。一人在两年中泛览这20万元的书籍，大概他对于学问的内容途径，什么名著、杰作、版本、笺注，总多少有一点把握了。

现在的大学教育方法如何呢？你们读书是极端不自由，极端不负责，你们的学问不但有注册部定标准，简直可以称斤两的。这斤两制，就是学校的所谓"78分""86分"之类，及所谓多少"单位"。试问学问之事，何得称量斤两？所谓英国史78分，逻辑86分，如何解释？一人的逻辑，什么叫做86分？且若谓世界上关于英国史的知识你们百分已知道了78分，世上岂有那样容易的事？但依现行制度，每周3小时的科目算3单位，每周2小时的科目算2单位，像由一方块一方块的单位，慢慢堆叠而来，叠成多少立方尺的学问，于是某人"毕业"，某人是"秀士"了。你想这笑话不笑话？须知我们何以有此大学制呢？是因为各人要拿文凭，因为要拿文凭，故不得不由注册部定一标准，评衡一下，就不得不让注册部来把你们"称一称"。你们如果不要文凭，便无称之必要。但是你们为什么要文凭呢？说来话长。有人因为要行孝道，拿了父母的钱，心里难过，于是下决心，要规规矩矩，安心定志读几年书，才不辜负父母一番好意及期望。这个是不对的，与遵父母之命，媒妁之言恋爱女子一样的违背道德。这是你们私人读书享乐的事，横被家庭义务的干涉，是想把真理学问献给你们的父亲、母亲做敬礼。只因真理学问，似太渺茫，所以还是拿一张文凭具体一点为是。有人因为想要得文凭学位，每月可以多得几十块钱，使你们的亲卿爱卿宁馨儿舒服一点。社会对你们的父母说：你们儿子中学毕业读了30本书，我可给他每月四五十元，如果再下2000元本钱再读了30本书，大学毕业。我可给他每月八九十元。你们的父母算盘一打，说"好"，于是议成，而送你们进大学，于是你们被称，拿文凭，果然每月八九十元到手，成交易。这还不是你们被出卖吗？与读书之本旨何关，与我所说读书之乐又何关？但是你们不能怪学校给你们称斤两，因为你们要向他拿文凭，学堂为保持招牌信用起见，不能刁；如此。且必如此，然后公平交易，童叟无欺。处于今日大规模制造法（MassProduction）之时期，不能不划定商货之品类（Standard-ization of Products）。学问既然成为公然交易的商品，秀士、硕士、博士，既为大规模制造品之一，自然也不能不"划定"一下。其实这种以学问为交易之事，自古已然；子张学干禄；子曰："三年学，六至于谷，未易得也。"（关于往时"生员"在社会所作的孽，可参观《亭林文集》《生员论》上中下三篇。）

到了这个地步,读书与入学,完全是两件事了,去原意远矣。我所希望者,是诸位早日觉悟,在明知被卖之下,仍旧不忘其初。不背读书之本意,不失读书之快乐,不昧于真正读书的艺术。并希望诸位趁火打劫,虽然被卖,钱也要拿,书也要读,如此就两得其便了。

我的爱读书

◇ 施蛰存

我读过不少的书,虽然在古今中外的书堆里,这所谓"不少"也者,还不过是大海中一点浪花,但在我自己的记忆中,这也不算是个小数目了。在这不少的书中间,本刊编者要我举出我所最爱读的书名来谈谈,这却很难说了。在我的记忆中,可能有些爱读的书,但哪一本是我"最"爱读的,这个选择却无从效命了。

现在,让我来拟定几个标准:(一)如果说,凡是读得遍数最多的,就是最爱读的。那么,我应当举出《水浒传》来,这是小时候炒过七八遍冷饭的(吾乡俚谓重读旧书曰炒冷饭)。然而论语,史记,诗经,楚辞之类,我也何止看过七八遍,到如今我并不以为那是最爱读的书。所以这个标准靠不住。(二)如果说对我印象最深的书就是最爱读的书,那么，我应当举出赵景深译的《柴霍甫短篇小说集》和李青崖译的《莫泊桑短篇小说集》来，但我并不觉得对它们有多大的"爱"。（三）如果说，我常常带在身边的书就是我最爱读的书.那么.我应当举出一部《词林记事》来，但是.一部《康熙字典》也同样地跟了我 20 年，你以为我最爱读《康熙字典》吗？

我想，最好让我来谈谈我所爱读的书，如果编者更宽容一些，最好把一个"读"字也删掉。真的，有些书是我所爱的，但并不是为了读。不过，现在是在"读"的范围之内，找寻几种可以说是我所爱的，先从诗说起。Leeb 典丛书里的《希腊诗选》palqrave 的《英诗金库》和 Monroe 与 Henderson 合编的《新诗选》，这三本都是好书，可以说是我所喜欢的，也是随时翻读的。我常常想在中国诗选中找三本能够抵得过这三本外国诗的，诗经勉强可以抵得了《希腊诗选》，沈德潜的《古诗源》加上徐陵的《玉台新咏》只好抵《英诗金库》的半本，唐以后诗的选本就没有可以满意的了。况且我们还有词，而词的选本也着实不容易推举出一种满意的来。至于现代的新诗，可怜到现在还没有一个赶得上《新诗选》十分之一的选本。

在小说这方面，我喜欢梅里美的《嘉尔曼》（近来有人译做卡门，我很厌这两个字），高莱特的《米佐》，安特森的《俄亥俄州温斯堡小城的故事》，以及上文曾经说起过的柴霍甫及莫泊桑的短篇小说，还有耿济之译的高尔基的《俄罗斯浪游漫记》。我不很喜欢长篇小说，所以这里开列出来的都是中篇和短篇。在中国小说部分，《水浒传》以外。当然应该推举《儒林外史》了。但这两本书对于我的兴味，实在还赶不上《清平山堂话本》。

关于散文的书，我想提起的只有两本外国人的著作，而且都是英国人的。一本是乔治·吉辛的《亨利·雷克洛夫随笔》，现在我们有了李霁野的译本，题名《四季随笔》（台湾省编辑馆印行）。另外一本是小说家莫姆的《西班牙印象记》，这不是莫姆的代表作，许多人几乎忘记了有这么一本书，但是我却觉得它挺好。在中国古典方面，我以为《洛阳伽蓝记》是第一本散文，以下就得推到宋人的许多题跋了。李笠翁的引《闲情偶寄》可取得者不过十之一二，鼎鼎大名的《浮生六记》我却不敢恭维，觉得苏州才子气太洋溢了。近人著作则沈从文的《湘西》与《湘行散记》都不错，但这两本关于湘西的散文实在抵不上作者的一本小说《边城》。废名的《枣》倒是一本极好的散文，虽则人家都把它算做小说。梁遇春的《春醪集》，我们也不应该让它被冷落下去，它可以与钱钟书的《写在人生边上》并读。这两本都是英国式的散文，在冲淡和闲雅这一点上，钱君似乎犹去梁一间。

以上所提的书，可以说是我的爱读书的一部分。也许还只是一小部分，偶尔拈得，略叙如此。并非敢在作者之林中，把其余一切好书都抹煞者。在我个人,"爱读书"与"爱的书"之间,我的感情还是特别爱好着那些"爱的书"。将来有机会,也许会在本刊上与读者诸君谈谈我那些极爱好而并不为了读的书籍。

读 书

◎ 老 舍

若是学者才准念书,我就什么也不要说了。大概书不是专为学者预备的;那么,我可要多嘴了。

从我一生下来直到如今,没人盼望我成个学者;我永远喜欢服从多数人的意见。可是我爱念书。

书的种类很多,能和我有交情的可很少。我有决定念什么的全权:自幼儿我就会逃学,楞挨板子也不肯说我爱《三字经》和《百家姓》。对,《三字经》便可以代表一类——这类书,据我看,顶好在判了无期徒刑以后去念,反正活着也没多大味儿。这类书可真不少,不知道为什么;也许是犯无期徒刑罪的太多;要不然便是太少——我自己就常想杀些写这类书的人。我可是还没杀过一个,一来是因为——我才明白过来——写这样书的人敢情有好些已经死了。比如写《尚书》的那位李二哥，二来是因为现在还有些人专爱念这类书，我不便得罪人太多了。顶好。我看是不管别人；我不爱念的就不动好了。好在，我爸爸没希望我成个学者。

第二类书也与咱无缘：书上满是公式，没有一个"然而"和"所以"。据说，这类书里藏着打开宇宙秘密的小金钥匙。我倒久想明白点真理，如地是圆的之类；可是这种书别扭，它老瞪着我。书不老老实实的当本书，瞪人干吗呀？我不能受这个气！有一回，一位朋友给我一本《相对论原理》，他说：明白这个就什么都明白了。我下了决心去念这本宝贝书。读了两个"配纸"，我遇上了一个公式。我跟它"相对"了两点多钟！往后边一看，公式还多了去啦！我知道和它们"相对"下去，它们也许不在乎，我还活着不呢？

可是我对这类书，老有点敬意。这类书和第一类有些不同，我看得出。第一类书不是没法懂，而是懂了以后使我更糊涂。以我现在的理解力——比上我7岁的时候，我现在满可以作圣人了——我能明白"人之初，性本善"。明白完了，紧跟着就糊涂了；昨儿个晚上，我还挨了小女儿——玫瑰唇的小天使！——一个嘴巴。我知道这个小天使的性不本善，她才两岁。第二类书根本就看不懂，可是人家的纸上没印着一句废话；懂不懂的，人家不闹玄虚。它瞪我，或者我是该瞪。我的心这么一软，便把它好好派在书架上；好打好散，别太伤了和气。

还要说到第三类书了。其实这不该算一类，就这么算吧，顺嘴。这类书，是这样的：名气挺大，念过的人总不肯说它坏，没念过的人老怪害羞的说将要念。譬如说"元曲"，太炎"先生"的文章，罗马的悲剧，辛克莱的小说，《大公报》——不知是哪儿出版的一本书——都算在这类里，这些书我也都拿起来过，随手便又放下了。这里还就属那本《大公报》有点劲。我不害羞，永远不说将要念。好些书的广告与威风是很大的，我只能承认那些广告做得不错，谁管它威风不威风呢。

"类"还多着呢，不便再说，有上面的三项也就足以证明我怎样的不高明了。该说读的方法。

怎样读书，在这里，是个自决的问题，我说我的，没勉强谁跟我学。第一，我读书没系统。借着什么，买着什么，遇着什么，就读什么。不懂的放下，使我糊涂的放下，没趣味的放下，不客气。我不能叫书管着我。

第二，读得很快，而不记住。书要都叫我记住，还要书干吗？书应该记住自己。对我，最讨厌的发问是："那个典故是哪儿的呢？""那句话是怎么来着？"我永不回答这样的拷问，即使我记得。我又不是印刷机器养的，管你这一套！

读得快，因为我有时候跳过几页去。不合我的意，我就练习跳远。书要是不服气的话，来跳我呀！看侦探小说的时候，我先看最后的几页，省事。

第三，读完一本书，没有批评，谁也不告诉。一告诉就糟："嘿，你读《啼笑姻缘》？"要大家都不读《啼笑姻缘》，人家写它干吗呢？一批评就糟："尊家这点意见？"我不惹气。读完一本书再打通儿架。不上算。我有我的爱与不爱，存在我自己心里。我爱念什么就念，有什么心得我自己知道，这是种享受，虽然显着自私一点。

再说呢，我读书似乎只要求一点灵感。"印象甚佳"便是好书，我没工夫去细细分析它，所以根本便不能批评。"印象甚佳"有时候并不是全书的，而是书中的一段最入我的味；因为这一段使我对这全书有了好感；其实这一段的美或者正足以破坏了全体的美，但是我不去管；有一段叫我喜欢两天的，我就感谢不尽。因此，设若我真去批评，大概是高明不了。

第四，我不读自己的书，不愿谈论自己的书。"儿子是自己的好"，我还不晓得，因为自己还没有过儿子。有个小女儿，女儿能不能代表儿子，就不得而知。"老婆是别人的好"，我也不敢加以拥护，特别是在家里。但是我准知道，书是别人的好。别人的书自然未必都好，可是至少给我一点我不知道的东西。自己的，一提都头疼！自己的书，和自己的运气，好像永远是一对儿累赘。

第五，哼，算了吧。

重读之书

◇ 叶灵凤

小泉八云曾劝人不要买那只读一遍不能使人重读的书。这是一句意味很深长的读书箴言，也是买书箴言。中国古语所谓书籍"汗牛充栋，浩如烟海"，在机械生产的今日，一个人即使财力和精力都胜任，恐怕也不能读尽所有的书，买尽所有的书。因此，我们在不十分闲暇的人生忙迫之中，能忙里偷闲，将自己所喜爱的读过的书取出重读一遍，实是人生中一件愉快的事。

读书本是精神上的探险，尽管他人的介绍与推荐，对于一本书的真实印象如何，总要待自己读完之后才可决定。有些为一般人所指责的书，自己因了个人的特性或一时的环境关系，竟有特殊的爱好，这正与名胜的景色一样，卧游固是乐事，然而亲临：其他观赏，究竟与在游览指南之类所得者不同。将读过的书重读一遍，正与旧地重临一样，同是那景色，同是自己，却因了心情和环境的不同，会有一种稔熟而又新鲜的感觉。这在人生中，正如与一位多年不见的旧友相逢，你知道他的过去，但是同时又在揣测他日前的遭遇如何。

有人说，与其读一百部好书，不如将五十部重读一遍，因为仔细的将已经获得的重新加以咀嚼，有时比生吞活剥更有好处。但可惜的是，人生太短，好书太多，我们遂终于在顾此失彼之中生活，正如可爱的季辛所慨叹：

"唉，那些不能有机会再读一遍的书哟！"

季辛所惋惜的，不仅是可以重读，而是那少数的可以百读不厌的书，因为他接着又说：

"温雅的安静的书，高贵的启迪的书：那些值得埋头细嚼，不仅一次而可以重读多次的书。可是我也许永无机会再将他们握在手里一次了；流光如驶，而时日又是这样的短少。也许有一天，当我躺在床上静待我的最后，这些被遗忘的书中的一部会走入我彷徨的思索之中，而我便像记起一位曾经于我有所助益的朋友一样的记起他们——偶然邂逅的友人。这最后的诀别之中将含着怎样的惋惜！"

在这岁暮寒天，正是我们思念旧友，也正是我们重行翻开一册已经读过一次，甚或多次的好书最适宜的时候。

旧 书 店

◘ 叶灵凤

每一个爱书的人，总有爱跑旧书店的习惯。因为在旧书店里，你不仅可以买到早些时在新书店里错过了机会，或者因了价钱太贵不曾买的新书，而且更会有许多意外的发现：一册你搜寻了好久的好书，一部你闻名已久的名著，一部你从不曾想到世间会有这样一部书存在的僻书。

当然，有许多书是愈旧愈贵，然而那是 Rore Book，所谓孤本，是属于古书店，而不是旧书店的事。譬如美国便曾有过一家有名的千元书店，并不是说他资本只有一千元，乃是说正如商店里的一元货一样，他店里的书籍起码价格是每册一千元。这样的书店，当然不是一般人所能踏进去的地方。

上海的旧西书店，以前时常可以便宜的价格买到好书，但是近年好像价格提高了，生意不好，好书也不多见了。外滩沙逊房子里的一家，和愚园路的一家一样，是近于所谓古书店，主人太识货了，略为值得买的书，价钱总是标得使你见了不愉快。卡德路的民九社，以前还有些好书，可是近来价钱也贵得吓人了，而且又因为只看书的外观的原故，于是一册装订略为精致的普及版书，有时价钱竟标得比原价还贵。可爱的是北四川路的添福记，时常喝醉酒的老板正和他店里的书籍一样，有时是垃圾堆，有时却也能掘出宝藏。最使我不能忘记的，是在三年之前，他将一册巴黎版的乔伊斯的《优力栖斯》，和一册只合藏在枕函中的《香园》，看了是纸面毛边，竟当作是普通书，用了使人不能相信的一块四毛钱的贱价卖给了我。如果他那时知道《优力栖斯》的定价是美金十元，而且还从无买得，《香园》的定价更是一百法郎以上，他真要懊丧得烂醉三天了。不过，近来却也渐渐的识货了。

沿了北四川路，和城隍庙一样，也有许多西书摊，然而多是学校课本和通俗小说，偶尔也有两册通行本的名著，却不是足以使我驻足的地方。

对于爱书家，旧书店的巡礼，不仅可以使你在消费上获得便宜，买到意外的好书，而且可以从饱经风霜的书页中，体验着人生，沉静得正如在你自己的书斋中一样。

事事关心

◎ 马南邨

"风声、雨声、读书声,声声入耳;
家事、国事、天下事,事事关心。"

这是明代东林党首领顾宪成撰写的一副对联。时间已经过去了三百六十多年,到现在,当人们走进江苏无锡"东林书院"旧址的时候,还可以寻见这副对联的遗迹。

为什么忽然想起这副对联呢?因为有几位朋友在谈话中,认为古人读书似乎都没有什么政治目的,都是为读书而读书,都是读死书的。为了证明这种认识不合事实,才提起了这副对联。而且,这副对联知道的人很少,颇有介绍的必要。

上联的意思是讲书院的环境便于人们专心读书。这11个字很生动地描写了自然界的风雨声和人们的读书声交织在一起的情景,令人仿佛置身于当年的东林书院中,耳朵里好像真的听见了一片朗诵和讲学的声音，与天籁齐鸣。

下联的意思是讲在书院中读书的人都要关心政治。这11个字充分地表明了当时的东林党人在政治上的抱负。他们主张不能只关心自己的家事，还要关心国家的大事和全世界的事情。那个时候的人已经知道天下不只是一个中国，还有许多别的国家。所以，他们把天下事与国事并提，可见这是指的世界大事，而不限于本国的事情了。

把上下联贯串起来看，它的意思更加明显，就是说一面要致力读书，一面要关心政治，两方面要紧密结合。而且，上联的风声、雨声也可以理解为语带双关，即兼指自然界的风雨和政治上的风雨而言。因此，这副对联的意义实在是相当深长的。

从我们现在的眼光看上去，东林党人读书和讲学，显然有他们的政治目的。尽管由于历史条件的限制，他们当时还是站在封建阶级的立场上，为维护封建制度而进行政治斗争。但是，他们比起那一班读死书的和追求功名利禄的人，总算进步得多了。

当然，以顾宪成和高攀龙等人为代表的东林党人，当时只知道用"君子"和"小人"去区别政治上的正邪两派。顾宪成说："当京官不忠心事主，当地方官不留心民生，隐居乡里不讲求正义，不配称君子。"在顾宪成死后，高攀龙接着主持东林讲席，也是继续以"君子"与"小人"去品评当时的人物，议论万历、天启年间的时政。他们的思想，从根本上说，并没有超出宋儒理学，特别是程、朱学说的范围，这也是可以理解的。因为顾宪成讲学的东林书院，本来是宋儒杨龟山创立的书院。杨龟山是程灏、程颐两兄弟的门徒，是"二程之学"的正宗嫡传。朱熹等人则是杨龟山的弟子。顾宪成重修东林书院的时候，很清楚地宣布，他是讲程朱学说的，也就是继承杨龟山的衣钵的。人们如果要想从他的身上，找到反封建的革命因素，那恐怕是不可能的。

我们决不需要恢复所谓东林遗风，就让它永远成为古老的历史陈迹去吧。我们只要懂得努力读书和关心政治，这两方面紧密结合的道理就够了。

片面地只强调读书，而不关心政治；或者片面地只强调政治，而不努力读书，都是极端错误的。不读书而空谈政治的人，只是空头的政治家，决不是真正的政治家。真正的政治家没有不努力读书的。完全不读书的政治家是不可思议的。同样，不问政治而死读书本的人，那是无用的书呆子，决不是真正有学问的学者。真正有学问的学者决不能不关心政治。完全不懂政治的学者，无论如何他的学问是不完全的。就这一点说来，所谓"事事关心"实际上也包含着对一切知识都要努力学习的意思在内。

既要努力读书，又要关心政治，这是愈来愈明白的道理。古人尚且知道这种道理，宣扬这种道理，难道我们还不如古人，还不懂得这种道理吗？无论如何，我们应该比古人懂得更充分，更深刻，更透彻！

我为什么爱读历史

◎ 廖沫沙

我不是研究历史科学的,但我喜欢阅读一切有关历史的书,史书也好,史料也好,只要打开这类书,我就沉入浓厚的兴味之中。

我为什么有这个兴趣的呢?我自己检查,大约是经过这几个阶段发展起来的:第一,我从小就爱看小说(旧小说),我们中国的旧小说大抵有一个特点,就是叙述历史故事:三国志演义,东周列国志演义,西汉、东汉演义,隋唐演义,杨家将等等都是历史故事;即使不是历史演义,而是爱情或武侠或神怪小说吧,也大都拉扯几个历史人物作主角或陪衬的配角。从这些小说的阅读中,久而久之,不觉培养出一份历史兴趣来:开始是把小说当历史读,往后就把历史当小说读;等到我的学程达到读史书的程度,就从历史书中去欣赏小说的味道了。首先是从史书上找小说中有过的人物，看看他们是不是真的存在，其次是看这些人物在史书中的地位和对他的评断如何，再次是看他们的功业、能力、性格和小说所写的有什么差别——从这些搜查比较中，我发生浓厚的兴趣了。

第二步才感觉到把历史当镜子看，即俗语所谓"观今宜鉴古"。司马迁在《史记·太史公自序》中说："万物之散聚皆在'春秋'（从春季到秋季是自然生物生长发展衰落的过程，但是这里的'春秋'，是借来象征历史发展的过程。孔夫子所作的一部史书，就叫《春秋》。）……故有国者，不可以不知《春秋》（按：意指孔子的《春秋》，也就是指历史）：前有逸而弗见，后有贼而不知。为人臣者，不可以不知《春秋》，守经事而不知其宜，遭变事而不知其权，为人君父而不通于《春秋》之义者，必蒙首恶之名。……"司马迁这段话，包含了两层意义：一、他说人们不懂得历史，不知道把历史当鉴戒，就会重犯许多历史上曾经有过的错误。二、他也把历史看作一种发展过程，所以他也警告人们"守经事而不知其宜，遭变事而不知其权"，是要出岔子。所谓"通于《春秋》之义者"，就是叫人懂得历史发展的规律，不要死抱住过去的历史教条（守经事）不放手，遇到新的现实环境和条件（遭变事），就应当起而适应（知其宜，知其权）。但是我的第二阶段还只能领略到把历史当镜子看，要知道眼前的是非正误，先看看历史上前人的得失成败。前人做错过的事，千万不要再跟他一样的错。——在这样一个接受教训的意义上，我对历史发生更大的兴趣了。

第三步是成年以后的进展了。我看了一些社会科学和历史科学的书，知道历史的发展是有规律的，来踪去迹，痕迹宛然，人们走上历史的轨道，顺着这轨道走去，便能够顺利的前进，人们如果离开历史的轨道，或者往东往西向左向右，甚至转身朝后走，就会一个不当心，栽下筋斗还不要紧，就此结果性命。历史等于在一条轨道上进行的车轮，它一面载着人类向前进，一面也可以由人类推动它前进。只要人类能够看清它的轨道，发现它的规律，人也可以控制历史，好像人能够控制火车在轨道上前进一样。

但是历史现象并不比自然界的现象简单，它甚至比自然界现象还要复杂多变，而且不易把握。自然界的范围虽包括整个宇宙，社会历史却不过是在地球表面的人类之中，看来好象自然界的范围比它更广大深远，但是人类的历史不过是变化和运动的过程，而且转眼即逝，握之无物；其间的复杂多变，牵涉之广，几乎是无法全面观察的。因此研究历史的科学，比研究自然的科学不但晚出，而且至今还有不知其数的人不懂得历史科学，或根本不相信历史科学的存在。在历史哲学上，他们还抱住老的一套观念，在黑暗中瞎撞。所以有许多人在开历史的倒车，也有许多人在历史前进的轨道上横生障碍，要拦阻它前进。

把历史的复杂多变的来踪去迹研究一番，把历史的发展规律加以探讨，再把眼前许多"蜻蜓撼大树"，"螳臂当车"的人物对历史所开的玩笑，所闹的悲喜剧看一看，不但对自己是一种警惕，而且也是一种极有趣味和极有价值的享乐。看相算八字是一种愚蠢的迷信举动，但如果根据科学的历史分析来观察社会的动向，历史的演变，人物的浮沉，阶级的盛衰，就不仅屡试不爽，并且极有兴味极有意义。因此使我对历史发生一种癖好：喜欢读，喜欢看，喜欢谈，喜欢想。

试举一个例子：满清统治者是一个没落的集团，它的前途，历史法则已为它注定，就是崩溃。但是我们看它在崩溃之前的一段挣扎过程，和我们当前的现实事象一比，实在是极能引人入胜的事。一方面朝政贪污腐败无能，连朝廷自己也不能不承认，另方面他们却无论如何抵抗着一切的改革，人民要根本推翻它的统治，固然不许可，就是有人站在满清统治的立场，来替他作一些改进，以巩固他的统治生命，也同样不许可。康有为、谭嗣同之流戊戌维新的失败，就是例子，清末的立宪运动失败，也是例子。当时的满清当局，死抱着两个原则不放手：一是"宁赠友邦，弗与家奴"，二是始终认定人民程度低，是乌合之众，对中上层分子可以欺压，可以收买，对中下层群众可以杀而止之，杀不完还可以骗，可以拖。总而言之是维持他的独裁统治，不到黄河心不死——结果到了黄河，不能挽救崩溃的命运。

这现象在历史上已不止出现过一次，每一个行将崩溃的统治集团，差不多都走这同一条路，可说是成了历史的规律之一。只要我们细读历史，随时都可以发现这条铁则。

因此我以为，即使并不准备研究历史科学，也应当懂得历史。司马迁"有国者，不可以不知《春秋》"的话应当扩而充之：凡是生在社会中的人，都不可不明白历史。因为历史可以使你知道社会的来踪去迹，可以使你了解社会发展的规律，认识当前的事变，窥测未来的发展前途；因为历史可以使你把握社会的动向，前进的规律，因而也就使你能顺应这条规律，加以努力，达到改造社会，推动历史的目的。

我相信我爱读一切有关历史的书，不但是有兴趣的，而且是有益处的。爱读历史与多读历史，既不会害己，也不会害人。现在这些害人而又害己的独裁专家、好战分子，就都是不懂历史也不肯去懂历史的人。他们如果知道他们现在所走的路正是前人在历史上失足的路，就不会像现在这样害己而又害人了！

论书生的酸气

◎ 朱自清

读书人又称书生。这固然是个可以骄傲的名字。如说"一介书生","书生本色",都含有清高的意味。但是正因为清高,和现实脱了节,所以书生也是嘲讽的对象。人们常说"书呆子"、"迂夫子"、"腐儒"、"学究"等,都是嘲讽书生的。"呆"是不明利害,"迂"是绕大弯儿,"腐"是顽固守旧,"学究"是指一孔之见。总之,都是知古不知今。知书不知人,食而不化的读死书或死读书,所以在现实生活里老是吃亏、误事、闹笑话。总之,书生的被嘲笑是在他们对于书的过分的执着上;过分的执着书,书就成了话柄子。

但是还有"寒酸"一个话语,也是形容书生的。"寒"是"寒素",对"膏粱"而言,是魏晋南北朝分别门第的用语。"寒门"或"寒人"并不限于书生,武人也在里头;"寒士"

才指书生。这"寒"指生活情形,指家世出身,并不关涉到书;单这个字也不含嘲讽的意味。加上"酸"字成为连语,就不同了,好像一副可怜相活现在眼前似的。"寒酸"似乎原作"酸寒",韩愈《荐士》诗,"酸寒溧阳尉",指的是孟郊;后来说"郊寒岛瘦",孟郊和贾岛都是失意的人,作的也是失意诗。"寒"和"瘦"映衬起来,够可怜相的,但是韩愈说"酸寒",似乎"酸"比"寒"重。可怜别人说"酸寒",可怜自己也说"酸寒",所以苏轼有"故人留饮慰酸寒"的诗句。陆游有"书生老瘦转酸寒"的诗句。"老瘦"固然可怜相,感激"故人留饮"也不免有点儿。范成大说"酸"是"书生气味",但是他要"洗尽书生气味酸",那大概是所谓"大丈夫不受人怜"罢?

为什么"酸"是"书生气味"呢?怎么样才是"酸"呢?话柄似乎还是在书上。我想这个"酸"原是指读书的声调说的。晋以来的清谈很注重说话的声调和读书的声调。说话注重音调和辞气,以朗畅为好。读书注重声调,从《世说新语·文学篇》所记殷仲堪的话可见;他说,"三日不读《道德经》,便觉舌本闲强",说到舌头,可见注重发音,注重发音也就是注重声调。《任诞篇》又记王孝伯说"名士不必须奇才,但使常得无事,痛饮酒,熟读《离骚》,便可称名士"。这"熟读《离骚》"该也是高声朗诵,更可见当时风气。《豪爽篇》记"王司州(胡之)在谢公(安)坐,咏《离骚》、《九歌》'入不言兮出不辞,乘回风兮载云旗',语人云,'当尔时,觉一坐无人。"正是这种名士气的好例。读古人的书注重声调,读自己的诗自然更注重声调。《文学篇》记着袁宏的故事:

> 袁虎(宏小名虎)少贫,尝为人佣载运租。谢镇西经船行,其夜清风朗月,闻江渚间估客船上有咏诗声,甚有情致,所诵五言,又其所未尝闻,叹美不能已。即遣委曲讯问,乃是袁自咏其所作咏史诗。因此相要,大相赏得。

从此袁宏名誉大盛,可见朗诵关系之大。此外《世说新语》里记着"吟啸","啸咏","讽咏","讽诵"的还很多,大概也都是在朗诵古人的或自己的作品罢。

这里最可注意的是所谓"洛下书生咏"或简称"洛生咏"。《晋书·谢安传》说:

> 安本能为洛下书生咏。有鼻疾,故其音浊。名流爱其咏而弗能及,或手掩鼻以效之。

《世说新语·轻诋篇》却记着:

> 人问顾长康"何以不作洛生咏?"答曰,"何至作老婢声!"

刘孝标注,"洛下书生咏音重浊,故云'老婢声'。"所谓"重浊",似乎就是过分悲凉的意思。当时诵读的声调似乎以悲凉为主。王孝伯说"熟读《离骚》,便可称名士",王胡之在谢安坐上咏的也是《离骚》、《九歌》,都是《楚辞》。当时诵读

《楚辞》，大概还知道用楚声楚调，乐府曲调里也正有楚调，而楚声楚调向来是以悲凉为主的。当时的诵读大概受到和尚的梵诵或梵唱的影响很大，梵诵或梵唱主要的是长吟，就是所谓"咏"。《楚辞》本多长句，楚声楚调配合那长吟的梵调，相得益彰，更可以"咏"出悲凉的"情致"来。袁宏的咏史诗现存两首，第一首开始就是"周昌梗概臣"一句，"梗概"就是"慷慨"，"感慨"；"慷慨悲歌"也是一种"书生本色"。沈约《宋书》谢灵运传论所举的五言诗名句，钟嵘《诗品·序》里所举的五言诗名句和名篇，差不多都是些"慷慨悲歌"。《晋书》里还有一个故事。晋朝曹摅的《感旧》诗有"富贵他人合，贫贱亲戚离"两句。后来殷浩被废为老百姓，送他的心爱的外甥回朝，朗诵这两句，引起了身世之感，不觉泪下。这是悲凉的朗诵的确例。但是自己若是并无真实的悲哀，只去学时髦，捏着鼻子学那悲哀的"老婢声"的"洛生咏"，那就过了分，那也就是赵宋以来所谓"酸"了。

唐朝韩愈有《八月十五夜赠张功曹》诗，开头是：

纤云四卷天无河，
清风吹空月舒波，
沙平水息声影绝，
一杯相属君当歌。

接着说：

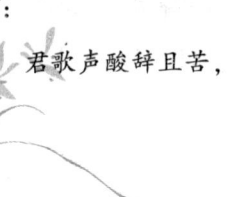

君歌声酸辞且苦，

不能听终泪如雨。

接着就是那"酸"而"苦"的歌辞：

洞庭连天九疑高，

蛟龙出没猩鼯号。

十生九死到官所，

幽居默默如藏逃。

下床畏蛇食畏药，

海气湿蛰熏腥臊。

昨者州前棰大鼓，

嗣皇继圣登夔皋。

赦书一日行万里，

罪从大辟皆除死；

迁者追回流者还，

涤瑕荡垢朝清班。

州家申名使家抑，

坎坷只得移荆蛮。

判司卑官不堪说，

未免捶楚尘埃间。

同时辈流多上道，

天路幽险难追攀！

张功曹是张署，和韩愈同被贬到边远的南方，顺宗即位，只奉命调到近一些的江陵做个小官儿，还不得回到长安去，因此有

了这一番冤苦的话。这是张署的话,也是韩愈的话。但是诗里却接着说:

君歌且休听我歌,

我歌今与君殊科。

韩愈自己的歌只有三句:

一年明月今宵多,

人生由命非由他,

有酒不饮奈明何!

他说认命算了,还是喝酒赏月罢。这种达观其实只是苦情的伪装而已。前一段"歌"虽然辞苦声酸,倒是货真价实,并无过分之处。由那"声酸"知道吟诗的确有一种悲凉的声调,而所谓"歌"其实只是讽咏。大概汉朝以来不像春秋时代一样,士大夫已经不会唱歌,他们大多数是书生出身,就用讽咏或吟诵来代替唱歌。他们——尤其是失意的书生——的苦情就发泄在这种吟诵或朗诵里。

战国以来,唱歌似乎就以悲哀为主,这反映着动乱的时代。《列子·汤问篇》记秦青"抚节悲歌,声振林木,响遏行云",又引秦青的话,说韩娥在齐国雍门地方"曼声哀哭,一里老幼悲愁垂涕相对,三日不食",后来又"曼声长歌,一里老幼,善跃抃舞,弗能自禁"。这里说韩娥虽然能唱悲哀的歌,也能唱快乐的歌,但是和秦青自己独擅悲歌的故事合看,就知道还是悲歌为主。再加上齐国杞梁殖的妻子哭倒了长城的故事，就是现在还在流行的孟姜女哭倒长城的故事，悲歌更为动人，是显然的。书生吟诵，声酸辞苦，正和悲歌一脉相传。但是声酸必须辞苦，辞苦又必须情苦；若是并无苦情，只有苦辞，甚至连苦辞也没有，只有那供人酸鼻的声调，那就过了分，不但不能动人，反要遭人嘲弄了。书生往往自命不凡，得意的自然有，却只是少数，失意的可太多了。所以总是叹老嗟卑，长歌当哭，哭丧着脸一副可怜相。朱子在《楚辞辩证》里说汉人那些模仿的作品"诗意平缓，意不深切，如无所疾痛而强为呻吟者"。"无所疾痛而强为呻吟"就是所谓"无病呻吟"。后来的叹老嗟卑也正是无病呻吟。有病呻吟是紧张的，可以得人同情，甚至叫人酸鼻；无病呻吟，病是装的，假的，呻吟也是装的，假的，假装可以酸鼻的呻吟，酸而不苦像是丑角扮戏，自然只能逗人笑了。

苏东坡有《赠诗僧道通》的诗：

雄豪而妙苦而腴，

只有琴聪与蜜殊。

语带烟霞从古少，

气含蔬笋到公无。……

查慎行注引叶梦得《石林诗话》说：

近世僧学诗者极多，皆无超然自得之趣，往往掇拾摹仿士大夫所残弃，又自作一种体，格律尤俗，谓之"酸馅气"。子瞻……尝语人云，"颇解'蔬笋'

语否？为无'酸馅气'也。"闻者无不失笑。

东坡说道通的诗没有"蔬笋"气，也就没有"酸馅气"，和尚修苦行，吃素，没有油水，可能比书生更"寒"更"瘦"；一味反映这种生活的诗，好像酸了的菜馒头的馅儿，干酸，吃不得，闻也闻不得，东坡好像是说，苦不妨苦，只要"苦而腴"，有点儿油水，就不至于那么扑鼻酸了。这酸气的"酸"还是从"声酸"来的。而所谓"书生气味酸"该就是指的这种"酸馅气"。和尚虽苦，出家人原可"超然自得"，却要学吟诗，就染上书生的酸气了。书生失意的固然多，可是叹老嗟卑的未必真的穷苦到他们嗟叹的那地步；倒是"常得无事"，就是"有闲"，有闲就无聊，无聊就作成他们的"无病呻吟"了。宋初西昆体的领袖杨亿讥笑杜甫是"村夫子"，大概就是嫌他叹老嗟卑的太多。但是杜甫"窃比稷与契"，嗟叹的其实是天下之大，决不止于自己的鸡虫得失。杨亿是个得意的人，未免忘其所以，才说出这样不公道的话。可是像陈师道的诗，叹老嗟卑，吟来吟去，只关一己，的确叫人腻味。这就落了套子，落了套子就不免有些"无病呻吟"，也就是有些"酸"了。

道学的兴起表示书生的地位加高，责任加重，他们更其自命不凡了，自嗟自叹也更多了。就是眼光如豆的真正的"村夫子"或"三家村学究"，也要哼哼唧唧的在人面前卖弄那背得的几句死书，来嗟叹一切，好搭起自己的读书人的空架子。鲁迅先生笔下的"孔乙己"，似乎是个更破落的读书人，然而

"他对人说话，总是满口之乎者也，教人半懂不懂的"。人家说他偷书，他却争辩着，"窃书不能算偷……窃书！……读书人的事，能算偷么？""接连便是难懂的话，什么'君子固穷'，什么'者乎'之类，引得众人都哄笑起来"。孩子们看着他的茴香豆的碟子。

> 孔乙己着了慌，伸开五指将碟子罩住，弯下腰去说道，"不多了，我已经不多了。"直起身又看一看豆，自己摇头说，"不多不多！'多乎哉'不多也。"

于是这一群孩子都在笑声里走散了。

破落到这个地步，却还只能"满口之乎者也"，和现实的人民隔得老远的，"酸"到这地步真是可笑又可怜了。"书生本色"虽然有时是可敬的，然而他的酸气总是可笑又可怜的。最足以表现这种酸气的典型，似乎是戏台上的文小生，尤其是昆曲里的文小生，那哼哼唧唧、扭扭捏捏、摇摇摆摆的调调儿，真够"酸"的！这种典型自然不免夸张些，可是许差不离儿罢。

向来说"寒酸"、"穷酸"，似乎酸气老聚在失意的书生身上。得意之后，见多识广，加上"一行作吏，此事便废"，那时就会不再执着在书上，至少不至于过分的执着在书上，那"酸气味"是可以多多少少"洗"掉的。而失意的书生也并非都有酸气。他们可以看得开些，所谓达观，但是达观也不易，往往只是伪装。他们可以看远大些，"梗概而多气"是雄风豪气,不是酸气。至于近代的知识分子,让时代逼得不能读死书或死读书,因此也就不再执着那些古书。文言渐渐改了白话,吟诵用不上了;代替吟诵的是又分又合的朗诵和唱歌。最重要的是他们看清楚了自己,自己是在人民之中,不能再自命不凡了。他们虽然还有些闲,可是要"常得无事"却也不易。他们渐渐丢了那空架子,脚踏实地向前走去。早些时还不免带着感伤的气氛,自爱自怜,一把眼泪一把鼻涕的;这也算是酸气,虽然念诵的不是古书而是洋书。可是这几年时代逼得更紧了,大家只得抹干了鼻涕眼泪走上前去。这才真是"洗尽书生气味酸了"。

《西谛书话》序

◎ 叶圣陶

能见到振铎的遗作重新编集出版，在我自然是非常高兴的事，他遇难已经23年了，其间又经过势将毁灭文化的十年浩劫。可是让我给《西谛书话》作序，其实并不适宜。对于旧书，我的知识实在太贫乏了，没法把这部集子向读者作个简要的介绍，而一篇合格的序文至少得做到这一点才成。在老朋友中间，最后一位适宜作这篇序文的是调孚，可惜他在一个月前也谢世了！

振铎喜欢旧书，几乎成了癖好，用他习惯的话来说，"喜欢得弗得了。"20年代中期，好些朋友都在上海商务印书馆工作。振铎那时刚领会喝绍兴酒的滋味，"喜欢得弗得了"，下班之后常常拉朋友去四马路的酒店喝酒，被拉的总少不了伯祥和我。四马路中段是旧书铺集中的地方，振铎经过书铺门口，两条腿就不由自主地踅了进去。伯祥倒无所谓，也跟进去翻翻。我对旧书不感兴趣，心里就有些不高兴：硬拉我来喝酒，却把我撇在书铺门前。可是看他兴冲冲地捧着旧书出来，连声说又找到了什么抄本什么刻本，"非常之好"，"好得弗得了"，我受他那'弗得了"的高兴的感染，也就跟着他高兴起来。

喜欢逛旧书铺的朋友有好几位，他们搜求的目标并不相同。伯祥不太讲究版本，他找的是对研究文史有实用价值的书。振铎讲究版本，好像跟一般藏书家又不尽相同。他注重书版的款式和字体，尤其注重图版——藏书家注重图版的较少，振铎是其中突出的一位。就书的类别而言，他的搜集注重戏曲和小说，凡是罕见的，不管印本抄本，残的破的，他都当作宝贝。宝贝当然是可遇而不可求的，往往在书铺里翻了一通，结果一无所得。他稍稍有些生气，喃喃地说："可恶之极，一本书也没有！"满架满柜的书，在他看来都不成其为书。经朋友们说穿，他并不辩解，只是不好意思地一笑而已。他的性格总是像孩子那样直率，像孩子那样天真。

我跟振铎相识之后，在一块儿的日子多，较长的分别只有两回。一回是大革命之后，为了避开蒋介石屠杀革命人民的凶焰，他去欧洲旅行。这部集子里有他在巴黎的几段日记，可以见到他怎样孜孜不倦地搜寻流落在海外的古籍。一回是抗日战争时期，我去四川，他留在上海，八年间书信来往极少，只听说他生活很困苦，还是在大批收买旧书。胜利后回到上海，我跟他又得常常见面，可是在那大变动的年月里，许多事情够大家忙的，哪还有剪烛西窗的闲情逸致。现在看了这部集子里的《求书日录》，才知道他为抢救文化遗产，阻止珍本外流，简直拚上了性命。当时在内地的许多朋友都为他的安全担心，甚至责怪他舍不得离开上海，哪知他在这个艰难的时期，站到自己认为应该站的岗位上，正在做这样一桩默默无闻而意义极其重大的工作。

买旧书

◎ 施蛰存

吾乡姚鹓雏先生有句云:"暇日轩眉哦大句,冷摊负手对残书。"近来衣食于奔走,殊无暇日,轩眉哦句之乐,已渺不可得,只有忙里偷闲,有时在马路边看见旧书店或旧书摊,倒还很高兴驻足一番。我觉得这"冷摊负手对残书"的确是怪有风味的。

上海的旧书店,大概可以分为三种,第一种是卖线装旧书的,这就等于古董店,价钱比新书还贵。第二种是专卖中西文教科书的,大概在每学期开始时总是生意兴隆得很,因为会打算盘的学生们都想在教科书项下省一点钱下来,留作别用,横竖只要上课时有这么一本书,新旧有什么关系呢。第三种是卖一般读物的西文书的,也就是我近年来常常去消遣那么十几分钟的地方。

在中日沪战以前，靶子路虬江路一带很有几家旧书店，虽然他们是属于卖教科书的。但是也颇有些文学艺术方面的书。我的一部英译莫泊桑短篇小说全集便是从虬江路买来的。

西文旧书店老板大概都不是版本专家，所以他的书都杂乱地堆置着，不加区分，你必须一本一本的翻，像淘金一样。有时你会得在许多无聊的小说里翻出一本你所悦意的书。我的一本第三版杜拉克插绘本《鲁拜集》，就是从许多会计学书堆里发掘出来的。但有时，你也许会翻得双手乌黑而了无所得。可是你不必抱怨，这正也是一种乐趣。

蓬路口的添福书庄，老板是一个曾经在外国兵轮上当过庖丁的广东人，他对于书不很懂得。所以他不会讨出很贵的价钱来。我的朋友戴望舒曾经从他那里以10元的代价买到一部三色插绘本魏尔仑诗集，皮装精印五巨册，实在是便宜的交易。

说到这部魏尔仑诗集，倒还有一个奸故事。望舒买了此书之后一日，来了一个外国人，自称是爱普罗影戏院的经理，他上一天也在添福书庄看中了这部书，次日去买，才知已经卖出了，他从那书店老板处问到了望舒的住址，所以来要求鉴赏一下。我们才知道此公也是一个"书淫"。现在他已在愚园路和他的夫人开了一家旧书铺。文学方面的书很多，你假如高兴去参观参观，他一定可以请你看许多作家亲笔签字本，初版本，限定本的名贵的书籍的。他的定价也很便宜，一本初版的曼殊斐儿小说集"Something Childish"只卖15元，大是值得。因为这本书当时只印 250 部，在英国书籍市场中，已经算是罕本书了。

买旧书还有一种趣味.那就是可以看到各种不同的题字和藏书帖（Exlibris）。我的一本爱德华利亚的"无意思之书"。本来是一种儿童用书，里页上却题着：

To John

Fr.his loving wife Erza

X 'mas.1917.

从此可以想象得到这一双稚气十足的伉俪了。藏书帖是西洋人贴在书上的一张图案，其意义等于我国之藏书印，由来亦已甚古。在旧书上常常可以看到很精致的。去年在吴淞路一家专卖旧日本书的小山古书店里看见一本书中贴着一张浮世绘式的藏书帖，木刻五色印，艳丽不下于清宫陌美图（即《金瓶梅》插绘），可惜那本书不中我意，没有买下来。现在倒反而有点后悔了。

烧 书 记

◎ 郑振铎

我们的历史上,有了好几次的大规模的"烧书"之举。秦始皇帝统一六国后,便来了一次烧书。"史官非《秦纪》,皆烧之。非博士官所职,天下敢有藏'诗''书'百家语者,悉诣守尉杂烧之。有敢偶语'诗''书'者弃市。以古非今者族。吏见知不举者与同罪。令下三十日,不烧,黥为城旦。所不去者,医药卜筮种树之书,若欲有学法令,以吏为师。"这是最彻底的烧书,最彻底的愚民之计,和一般殖民地政府,不设立大学而只开设些职业、工艺学校者,有异曲同工之妙。此后,烧书的事,无代无之。有的烧历史文献,以泯篡夺之迹;有的烧佛教、道教的书,以谋宗教上的统一;有的烧淫秽的书,以维持道德的纯洁。近三百年,则有清代诸帝的大举烧书。我们读了好几本的所谓"全毁""抽毁"书目,不禁凛然生畏；至今尚觉得在异族铁蹄下的文化生活的如何窒塞难堪！

"八·一三"后，古书、新书之被毁于兵火之劫者多矣。就我个人而论，我寄藏于虹口开明书店里的一百多箱古书，就在 8 月 14 日那一天被烧，烧得片纸不存。我看见东边的天空，有紫黑色的烟云在突突的向上升，升得很高很高，然后随风而四散，随风而淡薄，被烧的东西的焦渣，到处的飘坠。其中就有许多有字迹的焦纸片。我曾经在天井里拾到好几张，一触手便粉碎；但还可以辨识得出些字迹，大约是教科书之类居多。我想，我的书能否捡得到一二张烧焦了的呢？——那时，我已经知道开明书店被烧的情形——当然，这想头是很可笑的。就捡得到了又有什么意义；还不是徒增切怛与愤激么？

这是兵火之劫；未被劫的还安全的被保存着。所遭劫的还只是些不幸的一二隅之地。但到了"一二·八"敌兵占领了旧租界后，那情形却大是不同了。

我们听到要按家搜查的消息，听到为了一二本书报而逮捕人的消息，还听到无数的可怖的怪事，奇事，惨事。

许多人心里都很着急起来，特别是有"书"的人家。他们怕因"书"惹祸，却又舍不得割爱，又不敢卖出去——卖出去也没有人敢要。有好几个友人，天天对书发愁。

"这部书会有问题么？"

"这个杂志留下来不要紧么？"

"到底是什么该留的，什么不该留的？"

"被搜到了，有什么麻烦没有？"

个个人在互相的询问着，打听着。但有谁能够说明那几部书是有问题的，或那些东西是可留的呢？

我那时正忙于烧毁往来有关的信件，有关的记载，和许多报纸、杂志及抗日的书籍——连地图也在内。

我硬了心肠在烧。自己在壁炉里生了火，一包包，一本本，撕碎了，扔进去，眼看它们烧成了灰，一蓬蓬的黑烟从烟通里冒出来，烧焦了的纸片，飞扬到四邻，连天井里也有了不少。

心头像什么梗塞着，说不出的难过。但为了特殊的原因，我不能不如此小心。

连秋白送给我的签了名的几部俄文书，我也不能不把它们送进壁炉里去。

我觉得自己实在太残忍了！我眼圈红了不止一次，有泪水在落。是被烟熏的吧？

实在舍不得烧的许多书，却也不能不烧。踌躇又踌躇，选择又选择，有的头一天留下了，到了第二三天又狠了心把它们烧了。有的，已经烧了，心里却还在惋惜着，觉得很懊悔，不该把它们烧去。

但有了第一次淞沪战争时虹口、闸北一带的经验——有《征倭论》一类的书而被杀，被捉的人不少——自然不能不小心。对于发了狂的兽类，有什么理可讲呢！

整整的烧了三天。我翻箱倒箧的搜查着，捧了出来，动员孩子们在撕在烧。

"爸爸，这本书很好玩，留下来给我吧。"孩子们在恳求着。

我难过极了！我也何尝不想留下来呢？但只好摇摇头，说道："烧了吧，下回去买好一点的书给你。"

在这时候，就有好些住在附近的朋友们在问，什么书该烧，什么书不必烧。

我没法回答他们，领了他们到壁炉边去。

"你自己看吧。我在烧着呢。但我的情形不同。你自己斟酌着办吧。"

这一场烧书的大劫，想起来还有余栗与余憾。不烧，不是至今还无恙么？

但谁能料得到呢？

把它们设法寄藏到别的地方去吧。

但为什么要"移祸"呢？这是我所绝对不肯做的事。

这是我不能不狠心动手烧的一个原因。

但也实在有些人把自认为"不安全"的书寄藏到别人家里去的。

这还是出于自动的烧。究竟自动烧书的人还不多。大量的"违碍"的书报还储藏在许多人家里。有许多人不肯烧，不想烧，也有人不知道烧，甚至有人压根儿没有想到这件事。

过了不久，敌人的文化统制的手腕加强了。他们通过了保甲的组织，挨户按家的通知，说：凡有关抗日的书籍、杂志、日报等等，必须在某天以前，自动烧毁或呈缴出来。否则严惩不贷。

同时，在各书店，各图书馆，搜查抗日书报，一车车的载运而去，不知运向何方，也不知它们的运命如何。

这一次烧书的规模大极了，差不多没有一家不在忙着烧书的。他们不耐烦呈缴出去，只有出于烧之一途。最近若干年来的报纸、杂志遭劫最甚。有许多人索性把报纸、杂志全都烧毁了，免得惹起什么麻烦。

外间谣传说，连包东西的报纸，上面有了什么抗日的记载，也要追究、捕捉的。

因之，旧报纸连包东西的资格也被取消了。

最可怜的是，有的朋友已经到了内地去，他们的书籍还藏在家里，或寄存在某友处。家里的人到处打听，问要紧不要紧，甚至去问保甲处的人。他们当然说要紧的，甚至还加上些恫吓的话。

于是，不分青红皂白的，他们把什么书全都付之一炬；只要是有字的，无不投到了火炉里去。

记得清初三令五申的搜求"禁书"的时候，有些藏书家的后人，为了省得惹祸，也是将全部古书整批的烧了去。

这个书劫，实在比兵，比火，比水等等大劫更大得多，更普遍而深入得多了！

这样纷扰了近一个多月，始终不曾见敌伪方面有什么正式的文告。又有人说，这是出于误会，日本人方面并没有这个意思。

于是烧书的火渐渐的又灭了，冷了，终至不再有人提起这件事。

不烧的人，忘了烧的人，特地要小心保存这类抗日文献的人，当然也有。

许多抗日文献还保存得不少。像《文汇年刊》之类，我家里便还保存着。忘记了烧。

书如何能烧得尽呢？"野火烧不尽。春风吹又生。"以烧书为统制的手法，徒见其心劳日拙而已，

但愿这种书劫，以后不再有！

晒 书 记

◇ 梁实秋

世说新语:"郝隆七月七日。出日中仰卧,人问其故,曰:'我晒书。'"

我曾想,这位郝先生直挺挺地躺在七月的骄阳之下,晒得浑身滚烫。两眼冒金星,所为何来?他当然不是在作日光浴。书上没有说他脱光了身子。他本不是刘伶那样的裸体主义者。我想他是故作惊人之状,好引起"人问其故",他好说出他的那一句惊人之语"我晒书"。如果旁人视若无睹,见怪不怪,这位郝先生也只好站起来拍拍衣服上的灰尘而去。郝先生的意思只是要向侪辈夸示他的肚里全是书。书既装在肚里,其实就不必晒。

不过我还是很羡慕郝先生之能把书藏在肚里。至少没有晒书的麻烦。我很爱书。但不一定是爱读书。数十年来,书也收藏了一点，可是并没有能尽量地收藏到肚里去。到如今，腹笥还是很俭。所以读到世说新语这一则，便有一点惭愧。

先严在世的时候，每次出门回来必定买回一包包的书籍。他喜欢研究的主要是小学，旁及于金石之学，积年累月，收集渐多。我少时无形中亦感染了这个嗜好，见有合意的书即欲购来而后快。限于资力学力，当然谈不到什么藏书的规模。不过汗牛充栋的情形却是体会到了，搬书要爬梯子，晒一次书要出许多汗，只是出汗的是人，不是牛。每晒一次书，全家老小都累得气咻咻然，真是天翻地覆的一件大事。见有衣鱼蛀蚀，先严必定蹙额太息，感慨地说："有书不读，叫蠹鱼去吃也罢。"刻了一颗小印，曰"饱蠹楼"，藏书所以饱蠹而已。我心里很难过，家有藏书而用以饱蠹，子女不肖，贻先人羞。

丧乱以来，所有的藏书都弃置在家乡，起先还叮嘱家人要按时晒书，后来音信断绝也就无法顾到了。仓皇南下之日，我只带了一箱书籍，辗转播迁，历尽艰苦。曾穷三年之力搜购杜诗六十余种版本，因体积过大亦在大陆。从此不敢再作藏书之想。此间炎热，好像蠹鱼繁殖特快，随身带来的一些书籍竟被蛀蚀得体无完肤，情况之烈前所未有。日前放晴，运到阶前展晒，不禁想起从前在家乡晒书，往事历历，如在目前。南渡诸贤，新亭对泣，联想当时确有不得不然的道理在。我正在伛偻着背，一册册地拂拭，有客适适然来，看见阶上阶下五色缤纷的群籍杂陈，再看到书上蛀蚀透背的惨状，对我发出轻微的嘲笑道："读书人竟放任蠹虫猖狂乃尔?"我回答说："书有未曾经我读，还需拿出曝晒，正有愧于郝隆；但是造物小儿对于人的身心之蛀蚀，年复一年，日益加深，使人意气消沉，使人形销骨毁，其惨烈恐有甚于蠹鱼之蛀书本者。人生贵适意，蠹鱼求一饱，两俱相忘，何必戚戚?"客嘿然退。乃收捂残卷，抱入室内。而内心激动，久久不平，想起饱蠹楼前趋庭之日，自渐老大，深愧未学，忧思百结，不得了脱，夜深人静，爰濡笔为之记。

买　　书

◎ 朱自清

买书也是我的嗜好，和抽烟一样。但这两件事我其实都不在行，尤其是买书。在北平这地方，像我那样买，像我买的那些书，说出来真寒尘死人；不过本文所要说的既非诀窍，也算不得经验，只是些小小的故事，想来也无妨的。

在家乡中学时候，家里每月给零用一元。大部分都报效了一家广益书局，取回些杂志及新书。那老板姓张，有点儿抽肩膀，老是捧着水烟袋；可是人好；我们不觉得他有市侩气。他肯给我们这班孩子记账。每到节下，我总欠他一元多钱。他催得并不怎么紧；向家里商量商量，先还个一元也就成了。那时候最爱读的一本《佛学易解》（贾丰臻著，中华书局印行）就是从张手里买的。那时候不买旧书，因为家里有。只有一回，不知哪儿捡来《文心雕龙》的名字，急着想看，便去旧书铺访求：有一家拿出一部广州套板的，要一元钱，买不起；后来另买到一部，书品也还好，纸墨差些，却只花了小洋三角。这部书还在，两三年前给换上了磁青纸的皮儿，却显得配不上。

到北平来上学入了哲学系，还是喜欢找佛学书看。那时候佛经流通处在西城卧佛寺街鹫峰寺。在街口下了车，一直走，快到城根儿了，才看见那个寺。那是个阴沉沉的秋天下午，街上只有我一个人。到寺里买了《因明入正理论疏》、《百法明门论疏》、《翻译名义集》等。这股傻劲儿回味起来颇有意思；正像那回从天坛出来，挨着城根，独自个儿，探险似的穿过许多没人走的碱地去访陶然亭一样。在毕业的那年，到琉璃厂华洋书庄去，看见新版韦伯斯特大字典，定价才十四元。可是十四元并不容易找。想来想去，只好硬了心肠将结婚时候父亲给做的一件紫毛（猫皮）水獭领大氅亲手拿着，走到后门一家当铺里去，说当十四元钱。柜上人似乎没有什么留难就答应了。这件大氅是布面子，土式样，领子小而毛杂——原是用了两副"马蹄袖"拼凑起来的。父亲给做这件衣服，可很费了点张罗。拿去当的时候，也踌躇了一下，却终于舍不得那本字典。想着将来准赎出来就是了。想不到竟不能赎出来，这是直到现在翻那本字典时常引为遗憾的。

重来北平之后，有一年忽然想搜集一些杜诗。一家小书铺叫文雅堂的给找了不少，都不算贵；那伙计是个麻子，一脸笑，是铺子里少掌柜的。铺子靠他父亲支持，并没有什么好书；去年他父亲死了，他本人不大内行，让伙计吃了，现在长远不来了，也不知怎么样。说起杜诗，有一回，一家书铺送来高丽本《杜律分韵》，两本书，索价三百元。书极不相干而索价如此之高，荒谬之至，况且书面上原购者明明写着"以银二两得之"。第二天另一家送来一样的书，只要二元钱，我立刻买下。北平的书价，离奇有如此者。旧历正月里厂甸的书摊值得看；有些人天天巡礼去。我住的远，每年只去一个下午——上午摊儿少。土地祠内外人山人海摩肩接踵地来往。也买过些零碎东西；其中有一本是《伦敦竹枝词》，花了三毛钱。买来以后，恰好《论语》要稿子，便选抄了些寄去，加上一点说明，居然得着五元稿费。这是仅有的一次，买的书赚了钱。

在伦敦的时候，从寓所出来，走过近旁小街。有一家小书店门口摆着一架旧书。上前去徘徊了一下，看见一本《牛津书话选》（The Book-Lover's Anthology），烫花布面，装订不马虎，四百多面，本子也不小，准有七八成新，才一先令六便士，那时合中国一元三毛钱，比东安市场旧洋书还贱些。这选本节录许多名家诗文，说到书的各方面的；性质有点像叶德辉氏《书林清话》，但不像《清话》有系统；他们旨趣原是两样的。因为买这本书，结识了那掌柜的，他后来给我找了不少便宜的旧书。有一种书，他找不到旧的，便和我说，他们批购新书按七五扣，他愿意少赚一扣，按九扣卖给我。我没有要他这么办，但是很感谢他的好意。

三家书店

◎ 朱自清

伦敦卖旧书的铺子，集中在切林克拉斯路（CharingCross Road）；那是热闹地方，顶容易找。路不宽，也不长，只这么弯弯的一段儿；两旁不短的是书，玻璃窗里齐整整排着的，门口摊儿上乱哄哄摆着的，都有。加上那徘徊在窗前的，围绕着摊儿的，看书的人，到处显得拥拥挤挤，看过去路便更窄了。摊儿上看最痛快，随你翻，用不着"劳驾""多谢"；可是让风吹日晒的到底没什么好书，要看好的还得进铺子去。进去了有时也可随便看，随便翻，但用得着"劳驾""多谢"的时候也有；不过爱买不买，决不至于遭白眼。说是旧书，新书可也有的是；只是来者多数为的旧书罢了。

最大的一家要算福也尔（Foyle）。在路西；新旧大楼隔着一道小街相对着。共占七号门牌，都是四层，旧大楼还带地下室——可并不是地窖子。店里按着书的性质分二十五部；地下室里满是旧文学书。这家店 28 年前本是一家小铺子，只用了一个店员；现在店员差不多到了 200 人，藏书到了 200 万种，伦敦的《晨报》称为"世界最大的新旧书店"。两边店门口也摆着书摊儿，可是比别家的大。我的一本《袖珍欧洲指南》，就在这儿从那穿了满染着书尘的工作衣的店员手里，用半价买到的。在摊儿上翻书的时候，往往看不见店员的影子；等到选好了书四面找他，他却从不知哪一个角落里钻出来了。但最值得流连的还是那间地下室；那儿有好多排书架子，地上还东一堆西一堆的。乍进去，好像掉在书海里；慢慢地才找出道儿来。屋里不够亮，土又多，离窗户远些的地方，白日也得开灯。可是看得自在；他们是早七点到晚九点，你待个几点钟不在乎，一天去几趟也不在乎。只有一件，不可着急。你得像逛庙会逛小市那样，一半玩儿，一半当真，翻翻看看，看看翻翻；也许好几回碰不见一本合意的书，也许霎时间到手了不止一本。

开铺子少不了生意经，福也尔的却颇高雅。他们在旧大楼的四层上留出一间美术馆，不时地展览一些画。去看不花钱，还送展览目录；目录后面印着几行字，告诉你要买美术书可到馆旁艺术部去。展览的画也并不坏，有卖的，有不卖的。他们又常在馆里举行演讲会，讲的人和主席的人当中，不缺少知名的。听讲也不用花钱；只每季的演讲程序表下，"恭请你注意组织演讲会的福也尔书店"。还有所谓文学午餐会，记得也在馆里。他们请一两个小名人做主角，随便谁，纳了餐费便可加入，英国的午餐很简单，费不会多。假使有闲工夫，去领略领略那名隽的谈吐，倒也值得的，不过去的却并不怎样多。

牛津街是伦敦的东西通衢，繁华无比，街上呢绒店最多；但也有一家大书铺，叫做彭勃思（Bumpus）的便是。这铺子开设于1790年左右，原在别处；1850年在牛津街开了一个分店，19世纪末便全挪到那边去了，维多利亚时代，店主多马斯彭勃思很通声气，来往的有迭更斯，兰姆，麦考莱，威治威斯等人；铺子就在这时候出了名。店后本连着旧法院，有看守所，守卫室等，十几年来都让店里给买下了。这点古迹增加了人对于书店的趣味。法院的会议圆厅现在专作书籍展览会之用；守卫室陈列插图的书，看守所变成新书的货栈。但当日的光景还可从一些画里看出：如18世纪罗兰生（Rowlandson）所画守卫室内部，是晚上各守卫提了灯准备去查监的情形，瞧着很忙碌的样子。再有一个图，画的是1729年的一个守卫，神气够凶的。看守所也有一幅画，砖砌的一重重大拱门，石板铺的地，看守室的厚木板门严严锁着，只留下一个小方窗，还用十字形的铁条界着；真是铜墙铁壁，插翅也飞不出去。

这家铺子是五层大楼，却没有福也尔家地方大。下层卖新书，三楼卖儿童书，外国书，四楼五楼卖廉价书；二楼卖绝版书，难得的本子，精装的新书，还有《圣经》，祈祷书，书影等等，似乎是菁华所在。他们有初印本，精印本，著者自印本，著者签字本等目录，搜罗甚博，福也尔家所不及。新书用小牛皮或摩洛哥皮（山羊皮——羊皮也可仿制）装订，烫上金色或别种颜色的立体派图案；稀疏的几条平直线或弧线，还有"点儿"，错综着配置，透出干净，利落，平静，显豁，看了心目清朗。装订的书，数这儿讲究，别家书店里少见。书影是仿中世纪的抄本的一页，大抵是祷文之类。中世纪抄本用黑色花体字，文首第一字母和页边空处，常用蓝色金色画上各样花饰：典丽堂皇，穷极工巧，而又经久不变；仿本自然说不上这些，只取其也有一点古色古香罢了。

1931年里，这铺子举行过两回展览会，一回是剑桥书籍展览，一回是近代插图书籍展览，都在那"会议厅"里。重要的自然是第一回。牛津剑桥是英国最著名的大学；各有印刷所，也都著名。这里从前展览过牛津书籍，现在再展览剑桥的，可谓无遗憾了。这一年是剑桥目下的辟特印刷所（The Pitt Press）奠基百年纪念，展览会便为的庆祝这个。展览会由鼎鼎大名的斯密兹将军（General Smuts）开幕，到者有科学家詹姆士金斯（James Jeans），亚特爱丁顿（Arthur Eddington），还有别的人。展览分两部，现在出版的书约莫四千册是一类；另一类是历史部分。剑桥的书字型清晰，墨色匀称，行款合式，书扉和书衣上最见工夫；尤其擅长的是算学书，专门的科学书。这两种书需要极精密的技巧，极仔细的校对；剑桥是第一把手。但是这些东西，还有他们印的那些冷僻的外国语书，都卖得少，赚不了钱。除了是大学印刷所，别家大概很少愿意承印。剑桥又承印《圣经》；英国准印《圣经》的只剑桥牛津和王家印刷人。斯密兹说剑桥就靠《圣经》和教科书赚钱。可是《泰晤士报》社论中说现在印《圣经》的责任重大，认真地考究地印，也只能够本罢了。——1588年英国最早的《圣经》便是由剑桥承印的。

英国印第一本书，出于伦敦威廉甲克司登（WilliamCaxton）之手，那是1477年。到了1521年，约翰席勃齐（John Siberch）来到剑桥，一年内印了八本书；剑桥印刷事业才创始。8年之后，大学方面因为有一家书纸店与异端的新教派勾结，怕他们利用书籍宣传，便呈请政府，求英王核准在剑桥只许有三家书铺，让他们宣誓不卖未经大学检查员审定的书。那时英王是亨利第八；1534年颁给他们勃书，授权他们选三家书纸店兼印刷人，或书铺，"印行大学校长或他的代理人等所审定的各种书籍"。这便是剑桥印书的法律根据。不过直到1583年，他们才真正印起书来。那时伦敦各家书纸店有印书的专利权，任意抬高价钱。他们妒忌剑桥印书，更恨的是卖得贱。恰好1620年剑桥翻印了他们一本文法书，他们就在法庭告了一状。剑桥师生老早不乐意他们抬价钱，这一来更愤愤不平；大学副校长第二年乘英王詹姆士第一上新市场去，半路上就递上一件呈子，附了一个比较价目表。这样小题大做，真有些书呆子气。王和诸大臣商议了一下，批道，我们现在事情很多，没工夫讨论大学与诸家书纸店的权益；但准大学印刷人出售那些文法书，以救济他的支绌。这算是碰了个软钉子，可也算是胜利。那呈子，那批，和上文说的那本《圣经》都在这一回展览中。席勒齐印的八本书也有两种在这里。此外还有1629年初印的定本《圣经》，书扉雕刻繁细，手艺精工之极。又密尔顿《力息达斯》（Lycidas）的初本也在展览着，那是经他亲手校改过的。

近代插图书籍展览，在圣诞节前不久，大约是让做父母的给孩子们多买点节礼吧。但在一个外国人，却也值得看看。展览的是七十年来的作品，虽没有什么系统，在这里却可以找着各种美，各种趋势。插图与装饰画不一样，得吟味原书的文字，透出自己的机锋。心要灵，手要熟，二者不可缺一。或实写，或想象，因原书情境，画人性习而异——童话的插图却只得凭空着笔，想象更自由些；在不自由的成人看来，也许别有一种滋味。看过赵译《阿丽思漫游奇境记》里谭尼尔（John Tenniel）的插画的，当会有同感吧——所展览的，幽默，秀美，粗豪，典重，各擅胜场，琳琅满目；有人称为"视觉的音乐"，颇为近之。最有味的，同一作家，各家插画所表现的却大不相同。譬如我默伽亚谟（Omar Khayyam），莎士比亚，几乎在一个人手里一个样子；展览会里书多，比较着看方便，可以扩充眼界。插图有"黑白"的，有彩色的；"黑白"的多，为的省事省钱。就黑白画而论，从前是雕版，后来是照相；照相虽然精细，可是失掉了那种生力，只要拿原稿对看就会觉出。这儿也展览原稿，或是铅笔画，或是水彩画；不但可以"对看"，也可以让那些艺术家更和我们接近些。《观察报》记者记这回展览会，说插图的书，字往往印得特别大，意在和谐；却实在不便看。他主张书与图分开，字还照寻常大小印。他自然指大本子而言。但那种"和谐"其实也可爱；若说不便，这种书原是让你慢慢玩赏的，哪能像读报一样目下数行呢？再说，将配好了的对儿生生拆开，不但大小不称，怕还要多花钱。

诗籍铺（The Poetry Bookshop）真是米米小，在一个大地方的一道小街上。叫名"街"，实是一条小胡同。门前不大见车马不说，就是行人，一天也只寥寥几个。那道街斜对着无人不知的大英博物院；街口钉着小小的一块字号木牌。初次去时，人家教在博物院左近找。问院门口守卫，他不知道有这个铺子，问路上戴着常礼帽的老者，他想没有这么一个铺子；好容易才找着那块小木牌，真是"远在天边，近在眼前"。这铺子从前在另一处，那才冷僻，连裴罗克的地图上都没名字，据说那儿是一所老宅子，才真够诗味，挪到现在这样平常的地带，未免太可惜。那时候美国游客常去，一个原因许是美国看不见那样老宅子。

诗人赫洛德孟罗（Harold Monro）在1912年创办了这爿

诗籍铺。用意在让诗与社会发生点切实的关系。孟罗是二十多年来伦敦文学生涯里一个要紧角色。从1911给诗社办《诗刊》(Poetry Review)起知名。在第一期里，他说，"诗与人生的关系得再认真讨论，用于别种艺术的标准也该用于诗。"他觉得能做诗的该做诗，有困难时该帮助他，让他能做下去；一般人也该念诗，受用诗。为了前一件，他要自办杂志，为了后一件，他要办读诗会；为了这两件，他办了诗籍铺。这铺子印行过《乔治诗选》(Georgian Poetry)，乔治是现在英王的名字，意思就是当代诗选，所收的都是代表作家。第一册出版，一时风靡，买诗念诗的都多了起来；社会确乎大受影响。诗选共五册；出第五册时在1922年，那时乔治诗人的诗兴却渐渐衰了。1919年到1925年铺子里又印行《市本》月刊（The Chapbook）登载诗歌，评论，木刻等，颇多新进作家。

谈诗会也在铺子里；星期四晚上准6点钟起，在一间小楼上。一年中也有些时候定好了没有。从创始以来，差不多没有间断过。前前后后著名的诗人几乎都在这儿读过诗：他们自己的诗，或他们喜欢的诗。入场券六便士，在英国算贱，合四五毛钱。在伦敦的时候，也去过两回。那时孟罗病了，不大能问事，铺子里颇为黯淡。两回都是他夫人爱立达克莱曼答斯基(Ailda Klementaski)读，说是找不着别人。那间小楼也容得下四五十位子，两回去，人都不少；第二回满了座，而且几乎都是女人——还有挨着墙站着听的。屋内只读诗的人小桌上一盏蓝罩子的桌灯亮着，幽幽的。她读济兹和别人的诗，读得很好，口齿既清楚，又有顿挫，内行说，能表出原诗的情味。英国诗有两种读法，将每个重音咬得清清楚楚，顿挫的地方用力，和说话的调子不相像，约翰德林瓦特（John Drinkwater）便主张这一种。他说，读诗若用说话的调子，太随便，诗会跑了。但是参用一点儿，像克莱曼答斯基女士那样，也似乎自然流利，别有味道。这怕要看什么样的诗，什么样的读诗人，不可一概而论。但英国读诗，除不吟而诵，与中国根本不同之外，还有一件：他们按着文气停顿，不按着行，也不一定按着韵脚。这因为他们的诗以轻重为节奏，文句组织又不同，往往一句跨两行三行，却非作一句读不可，韵脚便只得轻轻地滑过去。读诗是一种才能，但也需要训练；他们注重这个，训练的机会多，所以是诗人都能来一手。

铺子在楼下，只一间，可是和读诗那座楼远隔着一条甬道。屋子有点黑，四壁是书架，中间桌上放着些诗歌篇子（Sheets），木刻画。篇子有宽长两种，印着诗歌，加上些零星的彩画，是给大人和孩子玩儿的。犄角儿上一张长桌子，坐着一个戴近视眼镜的，和蔼可亲的，圆脸的中年妇人。桌前装着火炉，炉旁蹲着一只大白狮子猫，和女人一样胖。有时也遇贝克莱曼答斯基女士，匆匆地来匆匆地去。孟罗死在1932年3月15日。第二天晚上到铺子里去，看见两个年轻人在和那女人司帐说话；说到诗，说到人生，都是哀悼孟罗的。话音很悲伤,却如清泉流泻,差不多句句像诗;女司帐说不出什么,唯唯而已。孟罗在日最尽力于诗人文人的结合,他老让各色的才人聚在一块儿。又好客,家里炉旁(英国终年有用火炉的时候)常有许多人聚谈,到深夜才去。这两位青年的伤感不是偶然的。他的铺子可是赚不了钱;死后由他夫人接手,勉强张罗,现在许还开着。

旧 书 铺

◎ 茅 盾

　　来重庆的人，常常被街道的新旧名称弄得头痛。当然新名称有它方便的地方，可是你雇人力车时如果只说一个"中正路"，那恐怕你就不大受欢迎。因为中正路并不短，车夫们懒得多费口舌问明你究竟要到中正路的哪一段，旧名称却比较的富于精确性了。然而一位不知道重庆街道旧名称的"特点"的新客也往往有点小烦恼；譬如说，他会站在"小梁子"的口上问人："小梁子在何处？"因为重庆街道的旧名称往往是在一直线上分段而题名的，和别处的一条街只有一个名称不同。

　　从这些街道的旧名称看来，可知旧时重庆各街也颇"专业化"。例如"鸡街"、"骡马市"、"打铁街"之类，单看名目便可想像从前这些街的特殊个性了。我不知道旧时重庆有没有一条旧书铺集中的街道，但照今日重庆还保存着旧日面目那一小段连衡对宇的旧书铺集团看来，这或者也就是从前的旧书街了。不过这段街的旧名称却叫做"米亭子"。

这里的旧书铺集团，共计不过六七单位，（连摊子也在内，）说多呢实在不多，可是说它少么，似乎今日重庆市内也还找不出第二处有这样多的单位集中起来的旧书市场。当然不是说这里的旧书最多，比这里各单位所有旧书的总数还要多些的大旧书铺，我想重庆市内也不是绝对没有，可是单位之多而又集中，俨然成为小小一段的"旧书街"，则恐怕除此以外是没有的。

至于块然独处的大大小小的旧书铺，——或文具而兼旧书之铺，则在今日重庆市内外，几乎是到处可见的了，可是也得说明：无论是"米亭子"或其他单独的旧书铺，旧书诚然是旧书，可不能用抗战前我们心目中的所谓"旧书"来比拟，今天的旧书，只是"旧"书而已。战前：一折八扣的翻版书，今天也在那些旧书铺内，俨然珍如宋椠元刊；1930年香港或上海印的报纸本小说，（其实也有土纸本在发售）也成为罕见之珍品。合于往日所谓"旧书"的标准的旧书，自然也不是没有，只是太少了，说不上比例。差可说是约占百分之一二的，是木板的线装书，（这比一折八扣的板本自然可以说是"旧"些了罢，）然而这又是医卜星相之类占多数，我曾在两处看见两部木板线装的，——一是《曾文正日记》，一是《诗韵合璧》，——那书铺老板视为奇货可居，因为这两种是在医卜星相之外的。

但是千万请莫误会，今日重庆的这些旧书铺对于读书人是没有贡献的，比方说，从沦陷区来的一位青年，进了这里的某大学，他来时身无长物，现在至少几本工具书非买不可了，那他就可以到那些旧书铺去看看；只要不怕贵，他买得到一部十年前出版的《综合英汉大辞典》，——这是现在此地可能买到的最好的英文字典。又比方说，一位写作者如果打算随便"搜罗"一点旧材料，破费这么几天工夫，上城下城，上坡下坡，出一身臭汗，总也可以略有所获，十年前的旧杂志有时竟能淘到若干，但自然，怕贵是不行的。

当真不是夸大其词，这些旧书铺有时真有些"珍贵"的书本。原版的外国文书籍，极专门而高深的，也会丢在报纸本的一折八扣书之间，有一位朋友甚至还找到了一册有英文注释的希腊古典名著，因此竟引起他学习希腊文的兴趣。不过这是可遇而不可求罢了。有些英文或法文的原版丛书，虽只零落数册，而亦非难得之书，可是扉页上图记宛在，说明这是战前某某大学或某某学术机关的故物。这样的书，如何颠沛流徙了数千里，又如何落在旧书铺中，想像起来真不能叫人不生感慨；这样的书，放在家里虽不重视，但在别一意义上，可实在算得是具有"藏珍"资格的"旧书"了罢？可喜而又可怪者，是这样的书，近来愈见其多，常常可以遇到了。这一件小事，如果推想开去，却又叫人觉得可忧而又可悲。

最后，我们来谈一谈旧书的价钱。

先述一二近事，桂柳沦陷之时，有人流亡到贵阳，旅费不继，卖掉一部丙种《辞源》，得价一万元，——这还是急等钱用贱卖了的，独山克服以后，有人在重庆买得一部报纸本的《鲁迅全集》，出价二万五，——这也是沾了时局的光的。看了这两件"买卖"，旧书的时价，略可概见，一句话，旧书时价虽然赶不上米布，更赶不上高级化妆品，可也够惊人了；今日重庆一家小小旧书铺，论其货价，谁敢说它没有几百万；倘以旧时币值计，直堪坐拥百宋千元！但今天不过是白报纸本道林纸本的铅印书而已。旧书价格之提高，似与供求关系无涉。旧书价是跟着粮价走的，这也有一个小小故事不可不记。有人在"米亭子"某铺看到了一部《综合英汉大辞典》（袖珍本），索价 2600 元，买不起，隔了两天再去看，却已涨为 3000 元了。问何以多涨 400，则答曰："这几天粮价涨了呀！"书是精神食粮，书价跟着粮价走，似亦理所当然。

但是今日重庆的旧书铺老板计算他的货价尚有另一原则，此即依纸张（白报纸或道林纸）及书之页数为伸缩，即使是极不相干的书，只要纸好，页数多，则价必可观，这简直是在卖纸了！自有旧书铺以来，这真是历史的新的一页。对于这样的"现实主义"，版本权威只能摇头叹息。所以今。日重庆跑旧书铺的人，决不是当时在北平跑琉璃厂，在上海跑来青阁的人们了。

旧　书　铺

今天是一个"伟大"的"现实主义"的时代，今天重庆跑旧书铺的人，绝大多数是为了某一个小小的"现实"的目的，"发思古之幽情"者，恐怕百不得一二罢？旧时也还有坐在旧书铺里看了半天书的人，今天也没有了；今天如果有这样的好学者，那不是在旧书铺中，而在"新书店"内了。

不过，旧书铺的内容虽然变了，但从"市上若无，则姑求之于旧书铺"这一点看来，今天重庆的旧书铺还是"旧书铺"，只是所有者是现实意义的"旧"书罢了。可以说旧书铺也染上了战时的色调了，这也是"今日重庆"之一面。

书卷长留伴一生

◎ （法国）安·莫洛亚

"印刷物是我们进入真理之国的通行证。在我们国内，哪怕是最小的图书馆中，都有的是宝藏，智慧是在这个世界上人类最伟大的奇异经历。"

——雷俄·罗斯坦

我们的文明是我们前代多少世纪以来所累积而成的知识和纪念。我们只要能和前代学人的思想接触的话，我们就可以享受这种累积的文明。惟一能够这样做的，且可使我们变成一个有教养的，就是读书。

任何事物都不能取代读书——演讲或银幕上的映画，在启发人智上，都不能有读书那样的力量。插图固然是说明一部用文字写出的书最有效的手段，但仍难使我们看了构成整个的意念。电影，就像说话一样，一下子消逝了，再也不会回到我们的跟前来。只有书卷才能长留，成为我们一生的伴侣。

法国思想家蒙田，认为我们有和爱情、友谊、书卷三种东西神交的必要。这三种东西都是很相同的。我们能够爱书——因为书永远是我们忠实的朋友。我甚至想要说，我常感觉到看书比写书的人更要机智，更要聪明。一个著者把他所有的最佳的才智，全写入书中去了。在他日常的谈话中也许有闪露异彩的地方，但那是不能持久的，而人和书的神秘性去打交道的事是永远做不完的。

还有，和书卷发生的这种友谊，是可以不招嫉妒地和全世界几百万人共享的。作家如巴尔扎克、狄更斯、托尔斯泰、塞凡提斯、歌德、但丁，或是麦尔威尔，把远隔如两极一般的人们，奇异地带到一块儿来了。一个日本人，一个俄国人，或是一个美国人，对我原是完全陌生的，而他和我却有共同的朋友——《战争与和平》中的娜塔莎，《帕尔玛修道院》中的法布利斯，《块肉余生录》中的米考伯。

书卷可以把我们带到我们本身以外去。我们没有一个人有足够彻底了解别人的个人的经验——甚至连彻底了解自己的那种经验也都没有。"我们在这个广大而无反应的世界上，人人都有孤独之感。"我们因此而感到痛苦；我们为世间的不平，人生的困苦而感到心痛。但是从书上我们得知他人——比我们伟大的人们——也和我们一样，感到痛苦，而仍在奋斗。

书卷是带我们到别人的心中，到别的民族当中去的门户。

经由那个门户，我们便可从我们现住的这个窄小的世界中逃出，从那毫无结果的对我们自身的沉思筹划中逃出。一个晚上用来阅读名著对心灵所受的益处，就好像一个假日用来游山玩水对身体所受的益处一样。我们从那些高峰下来，获得较前更为健壮，我们的肺、我们的心，变得更纯洁清净，无丝毫污垢了。于是，我们装备更为齐全，而得以勇敢地去应付日常生活的平原上所展开的战斗。

书卷是使我们得知过去时代的惟一的方法，又是为理解我们从未进入过的那种社会的关键。洛尔卡的剧本可以使我知道西班牙的精神，比亲身到那个国度去旅行二十次的人还要多。契诃夫和托尔斯泰给我显示出的俄国魂的某一面，至今还是依旧未变。圣西蒙的《回忆录》，把早已死灭的法国的一面，又重新在我心中复活起来，正好像霍桑或马克·吐温的小说，使我得以历历再见到消逝了的美国的一面一样。因为这两个世界——一个是在时间与空间上远离我们的世界，一个是我们现在住着的世界——是如此令人惊奇地相似，使我更加高兴起来。

人们都有很多共通的地方。感动荷马笔下那些君王的那种热情，也跟现代同盟国的那些将军所感到的热情，原无二致。当我在美国堪萨斯市对一群学生讲演普鲁斯特的时候，那些中西部农民的子弟，便看出法国的人物和他们自己很相类似。"毕竟，只有一个族类——那就是人类。"即令是伟大的人物，并不是本质上跟我们有何不同，而只是程度上有点差别罢了，那就是那些伟大人物的生平使得我们大家都极感兴趣的原因。

因此，我们为什么要读书的理由之一，便是想要超越我们的生活，了解别人的生活。但单是这一点并不是我们读书得到快乐的理由。在日常生活上，我们因为转入了现在正发生的那个事件的漩涡中，所以当局者迷，就不能把事情看明白，又还过于受到我们自身感情的支配，就不能恰当地体味出感情来。我们大多数人的生活，都值得狄更斯或巴尔扎克去写一部小说，但是我们从那种经验上，并没有获得一点快乐，反而受到许多痛苦。一个作家的任务，就是要给我们一幅人生真实的写照，但为要使我们不发生恐怖，不转入漩涡，而又能从容来欣赏它，所以只好客观地来加以描写。

读一部伟大的小说或传记的人，不啻是过着一种冒险的生活，但又不妨害他心灵的和平，桑塔耶那说得好，艺术显示在我们眼前的，是我们在行动中所找不到的东西，是生命与和平的结合。阅读历史是有益于我们心灵的健康的；它教我们节制和容忍，指示我们那产生内战和世界大战的可怕的争端，现在看来，不过是一些早已成为陈迹的口角罢了。历史又可教我们以智慧和价值的相对性。一本伟大的书，一定可以使读者在读过之后变成一个更优秀的人。

历史提示着人类的命运在危险中一类的问题，而不断地向前迈进。如果我们不知道这到底是说的什么，我们又怎么能够下决心，又怎么能够支持那合理的事，反对那犯罪的愚行呢？

历史所载的真实的事，在政治经济上，在科学和工学的各部门上，也都会是真实的。五十年来，人类的知识已经有了大的兴革。谁会去把这些人们的生活和幸福所赖的变化向他们说明呢？谁会帮助他们和最新的发现并肩前进，而又可完成他们的日常工作呢？那就是书卷，只有书卷。

文明创造出新的需要。今天的人类早已不能满足于做一个比他自己更为强权者手下的工具。他在力之所及的范围内想要知道，想要学习。在过去，只有一位哲人或是一位诗人才能说："我是一个人，只要是与人有关的事情，都是适合于我的。"今天人人都希望能说这句话，因为现代的人知道对他们完全陌生的远方外国人的运命，也会影响到他们自己的运命，又因为现代人变得更为敏感，在世界的另一端所犯的罪行，他们也会受到感动。

最后，由于能量的充分供给，机械所造成的进步，我们的文明，不管我们要不要，愈来愈变成一种闲暇的文明了。我们看到劳动时间的缩短，人类劳动的减轻，也只有感谢的份儿。虽然如此，结果是太多的闲暇也会发生危险的，除非把趣味和兴趣同时加以扩大。

运动、游戏，大众娱乐和电视，当然有助于人们的消遣，不过他们能够那样去做的时间，常为它们需要大量的准备所限制，在任何情况之下，成为万物之灵的人，单做一个旁观者，很快就感到厌倦了。

赫胥黎说过:"每个知道读书方法的人的,都有一种力量可以把他自己放大,丰富他的生活方式,使他的一生内容充实,富有意义,而具兴味。"我们大家都希望能够享受的,就是这种由别人的生活而使之丰富的充实的人生。别的大量沟通思想的媒介——电影、电视、收音机、留声片——都将采取新的形式,普及各方,来帮助人类分享艺术的喜悦。可是这些东西没有一件能有读书那样深刻而持久的效果,没有一件能带给我们如读书那样广泛的感情和知识。

读书之乐

◎ (法国) 阿 兰

　　读书与做梦的不同之处在哪里呢?有时候我们感觉做梦是愉快的,于是乎就不去读书。而当做梦的可能性被某种原因破坏时,读书便成了补救的良药。当年,我的父亲由于债务累累,心中烦闷,于是便一头钻进书堆里以寻求解脱,嗜书如命几乎到了饥不择食的地步。他的行为使我受到了感染,这"感染"如今看来使得我比那些一味苦学的书呆子们有出息得多。对我来说,如果我有意想学些什么,那一定是什么也学不进去的。即使是数学题,也只有等我像读小说一样漫不经心地去理会它的时候,才能悟出其中的名堂。总之,读是最重要的。不过,像这样懒洋洋地读书必须有充足的时间,而且手头也得有书才行。我所谓"手头有书"是说那书的位置一定要近在咫尺,如果隔了两米远,我也就不会想起去读它了。所以也难怪图书馆对我毫无裨益，它毕竟不属于我呀！我于是拼命通读手头的书，而且做了不少笔记，尽管事后从不去翻检。对我来说，了解荷马意味着手头得有荷马的书。眼下我手头就有几本斯宾诺莎的书。过去我一向不知世界上还有梅恩·德·比兰，直到有一天一位相识将他的全集抱来放在我的案头，我这才晓得梅恩·德·比兰是何许人。而且，说句实话，我发现读他的书真好比啜饮琼浆玉液，百读不厌。我对孔德的了解也是通过同样的途径，很久以前我就已将他的十卷代表作买来放在案头了。我读孔德似乎同读巴尔扎克一样，从不去追究书中的道理。不过，我更喜欢巴尔扎克，而且也只满足于作巴尔扎克不倦的读者而已。

什么叫读书呢？读书就是一行一行地读书上的字。当然也还要约略琢磨一下整体的、也就是一页当中的内容。这不是我个人的经验。我发现有不少读者跟我一样，读前一页的时候总要附带地偷眼看一看下一页讲的什么，甚至也顺便浏览一下后边的情节，好像饥饿的乞丐觊觎一块馅饼。我想大概可以这样断言——不过也许为时过早——读者的想象力恰似笼中之鸟，永远无法摆脱书中字词以及作品原义的束缚。当然，熟练的读者用不着咬文嚼字，不过我还做不到这一步，我虽不至于嚼字，句子总还须咂一咂的。我读书就好像骑一匹马，时而纵马狂奔，时而拨马回头，不敢神驰遐想，唯恐偏离作者指出的道路。有趣的是，我仅以这种方式去读体面的出版物，也就是书籍。至于日记之类，我以为价值不大，不必认真去读。手稿就更不必说，它总使人觉得不可靠，因为它只不过是书的雏形而已，可以随意增删改动。一本书的分量就不同了，特别是巴尔扎克的小说就更不允许你去怀疑。甚至可以说，巴尔扎克写书的目的就是为了禁锢你的想象力。真的，读他的书谁也不用胡思乱想，为所欲为，只有规规距距，按他的路子走……这便是优秀叙述体小说的风格：作者预设圈套让读者去钻。巴尔扎克历来如此。这就是为什么反复阅读比只读一遍收效更大的原因。由于我对自己的经验十分自信，所以很想在这方面做些探讨。

引起读者的猜疑、好奇和惊叹，这就是巴尔扎克小说的效果吗？一点儿不假。甚至当你读上几遍之后，这种效果竟毫无衰减。比如说，我知道乡村医生必死无疑，然而也正因为我料到结局，乡村医生的死才如迅雷一般使我感到震惊。这效果就在昨天我还体验过一次。戏迷们往往也有同感吧。我还注意到，一首好诗的艺术魅力是永存的，不会使你熟而生厌，只有这样的诗才是真正的诗。可以这样说，一切时间艺术的魅力正是来源于读者的预知。当我们读一本小说时，总觉得后头的情节最牵扯我们的兴趣；不过，我们也懂得如何克制自己，大概具体的方式就是聚精会神于眼下正在进行的情节吧。而且像这样的吊一吊胃口未尝不是一件有趣的事。孩子们做游戏时不是经常要藏起来，然后吓唬对方，而对方也会真的感到害怕吗？

读小说也是如此。前不久我又重读了《驴皮记》的前几页，真够繁琐的！我心里虽这么想，却仍然悉心地琢磨着拉斐尔的幻梦和那位老商贩的大段独白，甚至不放过任何细节。而那些一目十行的读者口里虽说是"我都知道"，实际上正是由于他们"不知道"，所以才那样风风火火地读。我之所以能够不紧不慢悠着性子，正是因为我了解这本书，而且我对它的了解不是零散的、只言片语的，而是全面的。我不想一下子就读到书中那不可挽回的结局，总希望这结局能够在我的第一个愿望得到满足之后再开始，因为到那时将会觉得总算完成了什么。不过最好还是由着作者的构想，让这结局在老商贩的叹息声中、在他利欲熏心、沉湎于新的梦幻的时候再开场为好。同样，无论是幸运还是灾难——如大家常说的那样——也应伴随着拉斐尔的沉浮而渐次呈现在我们眼前。为了耽于幻想而不愿过早获得，这正是读者的心理，它促使我们随着作者一道在共同的情感领域里尽情漫步，观赏珍奇。我用了"尽情"两个字，实则我们的兴致未必能随心所欲地膨胀，我们是无权随意增补幻想的，因为作品的内容是和谐严谨的，词句是有限的，凭空幻想纯属徒劳无益。你熟悉翻动书页时所发出的塞窣声音吗？如果你无法从中辨析出命运的颤音和结局的征兆，这说明你还不是真正的读书人。要知道，一场音乐会、一场戏或一段朗诵是不能任意中断的，但作为读者却有这个自由。只不过读者往往不是利用这种自由去回味读过的内容，或拟测未来的情节，而是中断小说情节的发展，以腾出时间来咀嚼自己的人生经历。我就有这样的感觉，每当我重新回到作品中来的时候总是要略微复习一遍前面的内容，仿佛想要再度积蓄起自己的兴致。如果不这样做就会觉得若有所失，觉得失掉了前面的内容，的确，优秀小说是不容许随意抽取片断的，不论手段多么巧妙，即使是配以分析也总不能被人接受。不是吗，优秀小说本身就杜绝了任何形式的简化或综述。相反，劣等小说却恰恰像被阉割过似的，只剩下事件和线索的罗列，一切似乎是为了向读者解释，唯恐读者理解不了下文。其实，我读书的目的倒并不是为了理解，而是为了追索。要想追索，光凭精神准备还是不够的。我发现侦探小说的情况总是发展得飞快，然而这类小说的迷人之处并不单单在于它的神秘性。我的理由是，倘若写得好，人们同样愿意反复阅读。《一桩无头公案》就是一本这样的书。似乎可以说，小说遵循的原则之一就是时间原则。要知道，应当发生的事不必顷刻间就发生。"您的第一个欲望是平庸的，"那位老商人道，"我可以使它变成现实；不过，我还是先省了这道麻烦，以便为您今后生活中的事操心吧。"这位老商贩俨然像一尊隔岸观火的神，任事态平淡无奇地发展，就像拉斐尔每次遇到他的三个朋友必然同去吃夜宵一样，毫无例外，毫无变化。不过，这些琐事看似平淡，却正代表了生活中严肃的一面。巴尔扎克的思想永远是那样正确，实在令人为之折服。这也正是他的天才在创作中的体现，他善于将平凡的生活真实地反映出来。《驴皮记》所反映的同样是真实的生活,在这一点上它与《幽谷百合》和《欧也妮·葛朗台》没有什么两样,尽管当我们叙述书中大意时免不了会引人发笑,因为谁也不会相信世上还会发生如此荒诞的奇遇,而且每个人的故事都如此离奇。

历尽艰辛话买书

◎ （英国）吉 辛

每次查阅我的书架时，我就想到兰姆的《褴褛的老队伍》。这并不是说我所有的书籍都是从破烂的书摊上买来的，事实上，我的许多书以前都是皮面崭新，整洁异常的，甚至其中有些书初到我的手边时，还装订得精致大雅，清香扑鼻呢。不过，我太常搬家了，每次迁居时，我这个小图书馆所遭受的待遇也太粗暴了，而且说老实话，就是平时我一向也太忽视了它的福利了（因为在一切实际事物方面我都是懒散蠢笨的），所以就连那些最漂亮可爱的书，也都显露着遭受不公平待遇的伤痕。有几本书甚至被钉进书箱里去的大钉子给冤枉地弄坏了，这也只是它们遭受苛待的一个极端的例子而已。现在我既然有了空暇和闲心，渐渐也就变得仔细小心了一些，"环境助善行"的话，在此可以证明。不过我要说明的是：只要一本书还不曾脱散凌乱，我是不怎么在乎它的外表是个什么样儿的。

我晓得有些人说，他们随便从图书馆借一本书，读起来就可以和从自己的书架上取下一本来，是同样的快活，并不感觉有什么分别。在我看来，这简直是不可解的事。举一个例来讲，由看书的气味不同，我便能够辨出它是我的哪一本书，而且只要将书打开，把鼻子送进去一嗅，种种往情旧景立刻就浮现在脑际之中。譬如我那部《吉本》吧，我已经把那部八册米兰版的精装书，烂读过三十几年了，每逢我掀开它的书页时，那股醇厚的气味，便将当初我得此书为奖品时的狂欢情绪给我恢复起来。还有我的《莎士比亚》，那部剑桥版的《莎士比亚》，它有一种味儿，能够把我送回更早的生活史中去。那部书原是我父亲的，当我年纪太幼，还不能彻底懂它时，父亲往往允许我从书柜上搬下一册来，恭而敬之地翻翻它的书页，当作给我的一种款待。现在那些书的味儿，依然和从前的一样。每当我拿起一册在手时，它给我的是一种多么奇特的亲昵感觉哟！也正是为了这种原故，我倒不肯常读那个版本的莎士比亚了。我的目力既然还如往昔，所以我就改读小字本的环球版了。唉，当年我购买这部书时，日子过得真够艰窘，像这样一个小小的购买，还不只算是一种浪费呢！所以我对于这部书总觉得有一种奇特的爱怜，一种来自"牺牲"的爱怜。

牺牲，这可并非会客室里挂在嘴边上的牺牲！实在的，整打整打的书，都是狠着心肠，用那些应当置办所谓日用必需品的钱慢慢买进来的。时常地，我站在一个书摊之前，或是一家书店的窗前，被一种知识的欲望和身体的需要的冲突所纠缠着，午饭的时分已到，肚子饿得叽哩咕噜了，可是一本渴望已久的书，忽然映进了眼帘，而且标价相当便宜，这如何能叫我放它过去呢？但是鱼与熊掌二者不可兼得，要买它就得忍受饥饿的苦痛。我那本海因编的《提布卢斯》，就是在这样一个时刻抓到手里的。它是在古致街一家旧书店的摊子上摆着，在一个我们往往可以从一堆破烂里找出一件绝妙东西的书摊上。标价是六个便士，是的，六个便士！那个时候，我惯常在牛津街的一家咖啡店中吃中饭（自然也就是我的大餐），那是一个道地的老馆子，我想现在也许不容易再找到那个样儿的了。那时六个便士就是我所有的一切，是的，在这个世界上所有的一切，这些便士可以给我换一盘肉与蔬菜吃。本来第二天我就可以收到一点小款子的，可是我哪敢希望那本《提布卢斯》准能等到第二天呢？我舍不得离开那家书铺，我在路旁来回着，手指拨弄着口袋里的便士，眼睛凝视着书摊上的书本，两种欲望在内心里交战着。结果，书是被买了来，我带它走回家去，一边嚼着牛油面包当作大餐，一边欣然睇视着它的书页。

在《提布卢斯》的最后一页上，我发现了几个铅笔写的拉丁字："读毕于 1892 年 10 月 4 日"。书的主人翁究竟是谁呢？差不多一百多年以前了啊！除去这几个字之外，再也没有什么别的铭记了。我愿意想象有那么一个穷书呆子，穷得和我一样，书迷得和我一样，用他的血汗换来了这部书，并且也正像我似的如此爱读它。这个想象究竟对到什么程度，自然是很不容易说的。温良心肠的《提布卢斯》啊！现在遗留下来的还有这位古代诗人的画像，它比罗马文字中任何诗人的画像都可爱。

有益身心的树林中爬进了"沉寂"，

录求一切宜于仁人智者的东西。

在我这拥挤杂陈的书架上，许多别的书籍都是这样买进来的。从书架上将它们取下来时，立刻就会勾起一种奋斗胜利的回忆，这往事是多么活泼而清晰呀！那个时候，对于我说，钱并代表不了什么，除去搜罗书籍之外，什么我也不屑于去想。有些书是我所狂烈需要的，我觉得它们比身体的营养还需要。当然在大英博物馆里我也可以看到它们，但那和我占有它，保存它，我自己的财产，放置在我自己的书架上是多么不同啊。有时，我也买到一本最破烂的书，被愚蠢的涂抹玷污了的，脱散的，肮脏的，但这有什么关系？我宁愿从一本破破烂烂的书中读出些什么来，也不愿意去读一本并不属于自己的书。不过我的确有些时候也太犯放纵的毛病了：一本书诱惑我，一本并非我真正渴望的书，也可以说是一件"节俭"会命令我舍弃的奢侈品。譬如我那本《荣格·斯蒂灵》就是一个例子，我在圣外耳街碰到它。这个名字在歌德的《诗与真理》中已经很熟悉了。我拿起来将它浏览了一下，一股好奇心忽然浓厚起来。可是那一天我偏偏憋着劲儿，硬横着心不去买它。不，说实话吧，那时我太穷了，掏不起那十八个便士！我从那家书局门口走过了两次，幸而每次都见它没有找着买主。后来有钱的那一天可来到了，我立刻跑到圣外耳街去（那时我的平常步速是一小时五英里）。我看见从前和我讲生意的那位头发斑白的小老头儿了，他的名字叫什么来着？我相信他从前是一位天主教牧师，现在依然还有一种道貌岸然的牧师气派。他拿起这本书，将它掀开，沉思了一会儿，然后拿眼睛瞟着我说（好像是自己思念出声似的）："唉，可惜我没有工夫去读它！"

有些时候，在为买书而断炊的苦痛上，我又给自己加添上一种挑夫的辛劳。在靠近波特兰路车站的一家小书铺里，我碰见《吉本》的初版本。价钱，荒谬极了，我记得是一先令一本。要得到这些整洁可爱的四开纸书，也许非将我的外衣卖掉不可。恰巧那个时候身边所带的钱不够，虽然家里还有一些，我是住在埃令顿镇的。和书店老板商量妥当之后，我立刻快步跑回家去取钱，然后又步行回来，后来我夹着这些笨重的东西，从攸斯顿路的西端，走到距离安琪儿大厅很远的埃令顿的一条大街上。我是分两次搬的，这是生平第一次用秤量的英国常衡（avoirdupois），来买《吉本》的。那一次我前后两次（连回家取钱算上共三次）走下攸斯顿路，爬上潘顿外尔路。我记不清那是什么季节，什么天气了，因为这股购买的狂欢，将一切别的念头都驱出了脑外，真的，只有那书籍的重量，使我永远忘记不掉。我的精力是无限的，但是我的臂力却并不大，将这段路程走到尽头时，我疲乏极了，倒在椅子上，汗淋淋的，软洋洋的，酸疼疼的，然而欢欣若狂！

富裕的人们听了这篇话，一定觉得很奇怪。为什么我不叫卖书的把这些书送到家里呢？否则心急等不及的话，沿着那条伦敦公路不是有公共汽车吗？唉，我如何能让那些人们明白那天除掉花在书本上的钱以外，另外再多出一个便士我也没有了呢！不，不是的，这种节省辛劳的耗费，向来不在我的范围以内，凡是我所享受的都是自己赚来的，照直的讲，都是自己用血汗换来的。这个时候我不懂什么叫坐汽车代步行。我在伦敦大街上一气走个12个或15个钟头，从来不想花钱坐车节省我的腿脚或时间。既然穷到无可再穷的地步，当然有些事情是要牺牲的。坐车就是其中的一件。

几年以后，我竟把那部初版的《吉本》卖掉了，而且卖价比买价还低。它和我许多别的对折本及四开本的好书都一同去了（我总在搬家，不能携带）买它们的那个家伙说它们是些"墓碑"！为什么《吉本》这么没有市价呢？每逢想起那些四开本来，心头便阵阵发酸，夹杂着无限的悔恨。啊，读那样版本精美的《罗马帝国衰亡史》，该是多么的快乐！那精致的纸张和那庄严的题材互相配合起来，真是和谐极了。只消看看它的样子便会令人陶醉了。现在我也许很容易再买到一部，但和那本旧的相比，同着那种灰尘和辛劳的回忆，其滋味可就迥然不同了。

两种读书法

◎ （英国）罗斯金

一切书籍无不可分作两类：一时的书与永久的书。请注意这个区别——它不单是个质的区别。这并不仅仅是说，坏书不能经久，而好书才能经久。这乃是一个种的区别。书籍中有一时的好书，也有永久的好书；有一时的坏书，也有永久的坏书。

所谓一时的好书——至于坏书我这里就不讲了——往往不过是一些供你来观阅的有益或有趣的谈话而已，而发表谈话的人，你除了观阅其书以外，常常无法和他交谈。这些书往往非常有益。因为它会告诉你许多必要的知识，往往非常有趣，正像一位聪明友人的当面谈话那样。种种生动的旅行记叙；轻松愉快而又充满机智的问题讨论；以小说形式讲述的各种悲喜故事；事过境迁，由当事人亲自提供的确凿事实；——所有这些一时的书，随着文化教育的普及而日益增多，乃是我们这个时代所特有的事物：对于它们，我们应当深表感谢，而如果不能善为利用，还应当深感惭愧。但是如果竟让它们侵占了真正书籍的地位，那我们就又完全用非其当了：因为，严格地讲，这些很难算是什么书籍，而只不过是楮墨精良的书信报章而已。

我们友人的来信在当天也许是有趣的，甚至是必要的，但是有无保存价值，就须考虑了。报纸在吃早饭时来读可能是最好不过了，但是作为全天的读物，便不适合。所以，一封内容关于去年某地的客栈、旅途或天气的有趣记载的长信，或是其中讲了什么好玩的故事或某某事件的真相的其他信件，现在虽然装订成册，而且也颇有临时参考，价值，却在严格的意义上讲，不能称之为"书"，而且在严格的意义上讲，也谈不上真正的"读"。

书籍就其本质来讲，不是讲话；而是著述；而著述的目的，不仅在于达意，而且在于流传。讲话要印成书册主要因为讲话人无法对千千万万的人同时讲话；如果能够，他会愿意直接来讲的——书卷只是他声音的扩充罢了。你无法和你在印度的朋友谈话；如果能够，你也会愿意直接来谈的，于是你便以写代谈：这也无非是声音的传送而已。但是书籍的编著却并非仅仅为了扩充声音，仅仅为了传送声音，而是为了使它经久。一个作家由于发现了某些事物真实而有用，或者美而有益，因而感到有话要说。据他所知，这话还不曾有人说过；据他所知，这话也还没人能说得出。因此他不能不说，而且还要尽量说得清楚而又优美；说得清楚，是至少要做到的。

综其一生当中，他往往发现，某件事物或某些事物在他特别了然于胸；——这件事物，不论是某种真知灼见或某种认识，恰是他的世间福份机缘所允许他把握的。他极其渴望能将它著之篇章，以垂久远；镂之金石，才更称意；"这才是我的精华所在；至于其余，无论饮食起居，喜乐爱憎，我和他人都并无不同；人生朝露，俯仰即逝；但这一点我却见有独到：如果说我身上还有什么值得他人记忆的话，那就应以此为最。，'这个便是他的"著作"；而这个，在一般人力所达到的有限范围，而且也不论其中表现了他真正灵感的多寡，便无异是他的一座丰碑，一篇至文。这便是一部真正的"书"。

或许你认为这样写成的书是没有的吧？

那么，我就又要问你，你到底相信不相信世间还有诚恳二字？或还有仁慈二字？是否你认为，才隽之士的身上从来也看不到半点诚恳与宽厚的地方？但愿诸位当中不致有谁会悲观失望到抱有这种看法。其实，一位才隽之士的作品当中，凡是以诚恳态度和宽厚用心所著成的部分，这一部分便无愧是他的书或艺术作品。当然其中总不免夹杂有种种不佳的部分——例如败笔芜词、矫揉造作，等等。但是只要你读书得法，真正的精华总是不难发现的，而这些也都无愧是书。

对于一部书籍,我们往往脱口而下这类断语,"这书多么妙啊——恰与我的想法相合!"然而正确的态度却应当是,"这事多么怪啊!我便从来不曾想到这个,不过我认为那话是对的;如果我现在还不能理解它的正确,但愿终有一天我能理解。"不管是否这样谦虚吧,但至少应当清楚,当你读一本书时,主要的是去领会那作者的意思,而不是去寻找你自己的意思。进行评论是可以的,那是你程度提高了以后的事;但首先应当弄懂原意。再有一点应当清楚,即是这位作者如果还多少有点价值的话,那么你未必能一下领会他的意义,至于全部领会更绝非你短期所能办到。这倒并非因为作者没有把他的意思表达出来,甚至相当有力地表达出来;只是作者不可能把他的话全部说完;另外,这点也许更加古怪,作者也不情愿这样,而只是以一种隐晦的方式出之,以寓言的方式出之,其目的在于测验你有无诚意。这个原因我就不透,另外,我对一些睿智之士好把他们的思想潜藏胸底、秘不示人的冷酷做法,也不大善于分析。他们在向你传授知识时,不是把它视作一种援助,而是视作一种奖赏;必先弄清你配受奖,然后才允许你去获取。但是这种智慧的探求也正和一种珍贵的物质(黄金)的探求相同。在你我看来,地层的电力似乎没有什么理由不把其中所蕴藏的全部黄金都一齐搬运到山顶之上,但是大自然非要把金子隐藏在一些谁也不知道的穴罅隙缝之中;你很可能挖了很久而仍然一无所获;想要找到一点儿也得历尽千辛万苦。

在人类高级智慧的探求上，情况也是这样。当你打开一本好书之前，你必须对自己提出几个问题："我自己是否能像那澳大利亚采掘工一样吃苦？我的锄头铁铲是否有用？我的思想准备是否充分？我的袖子是否已卷得高高，另外气力心情是否正常？"如果把这比喻再打下去（即使有点令人厌烦，但这比喻确实非常有用），那么你所探求的金子便是那作者的思想或意思，他的文句便是你为了寻金所必须捣碎和冶炼的矿石。你的丁字镐便是你自己的辛苦、聪明与知识；你的熔炉便是你那探索事物的心智。离了这些工具和你那炉火，你休想去弄懂一位作家的意思；实际上你的一套刀具往往得利而再利，精而再精，你的一番冶炼也得辛苦耐心之至，才有可能挣得一粒黄金。

正因为这种缘故，所以我便要老实不客气地，甚至以权威口气对你讲（因我自信在这点上我是对的），你必须养成对文字深入钻研的习惯，要一点一滴、仔仔细细地弄清每个词的确切意义。一个人尽可以把整个英国博物馆中的图书全部读遍（如果假以天年的话），而仍旧是个"不通文理"和缺乏教育的人；但是一个人却可以仅把一部好书一字不漏地读上十页——也即是真正精确透辟地阅读——而从此，在一定程度上，不失为一位受过教育的人。

读书的时光

◇ （英国）吴尔芙

首先，让我们澄清埋头治学的学者与酷爱阅读的读者之间长期存在的混淆观念，并指出两者之间绝无任何联系。学者热衷于独自伏案钻研，博览群书，探索他孜孜以求的某种真理，倘若读书的热忱征服了他，他的收获便会从指间滑掉溜走。而一个读者，开卷之时就得抑制求学的欲望；假若知识由此日积月累，他便进而追求，系统地阅读，变成一位专门家或权威，那就很容易扼杀单纯而坦然的阅读所具有的那种更合乎常理的热情。

暂且不论这一切，我们先可以不假思索地构想出一幅图画，它能勾勒出书呆子的形象，并能引人发出一声讥笑：一个面色苍白、形容消瘦的书生，身着长袍大褂，成天冥思苦想，手无缚鸡之力，一招呼女人就面红耳赤，两耳不闻窗外事，一头潜入故纸堆中,只要一进旧书店,便流连于幽暗的角落,耗去几个时辰——这无疑是一个习性乖戾、单纯可爱的人物,与我们谈的另一类人绝无相似之处。一个真正的读者,从本质上说是很年轻的。他充满强烈的好奇心,思想活跃,心胸开阔,善于交际。对他来说,读书主要是一种喜欢户外活动的自然秉性,而非执意深居简出、潜心学问的愿望;他沿途跋涉,爬过一山又一山,直到登上清新宜人,令人陶醉的峰顶。这全然不同于蛰居苦读式的上下求索。

但是,避开泛泛的议论,不难举出大量的事例说明:读书的黄金季节在18岁至24岁之间。只消举出这段时间读过的书目,就会令年长者慨叹。不仅读的书数量多,而且读的书多么不同啊!要是我们想追溯回忆一番,不妨取出一本如饥似渴读书那阵所记的笔记。也许有不少页面是空白,但首先我们会发现,一些页面写得满满的,那字迹的工整和娟秀,真令人吃惊。在这儿,我们曾按优秀的次第记下大作家的姓名,曾从经典著作中摘录出精彩的段落,曾列出打算阅读的书单,最有趣的是,记下了已经读过的书目,还带着青年人的虚荣心用红笔作标记。

往日列的那些书目也许令我们解颐,令我们慨叹,但却值得我们追忆当时的心情,以及在那种心情下读书的喜悦。好在不是什么神童一类的人物,稍为回顾,我们大多数人都能忆起自己早年读书的各个阶段的情形,,我们童年时读的那些书,总是悄悄地从不许接触的书架上偷来读的，给人以某种非现实感，令人惊讶，像是全家犹在沉睡之际，偷看了晨曦洒向静谧田野的景象，像是从帘帷空隙窥见了奇怪朦胧的树影。尽管我们还不太明白那些究竟是什么，却从此终生不忘，因为儿童具有一种奇特的预知能力。

往后的阅读却截然不同了。也许这是破天荒第一次吧，所有的限制解除了，我们可以随心所欲地读书，图书室任我们自由进出，而且我们的朋友也获得了同样的自由。我们整天整天地百事不问，一个劲儿地读书。这是一段异常兴奋和欣喜的时间，我们仿佛天南海北，处处结识英雄。我们心中有一种奇迹感，好像我们所体验的一切全是真实的；同时还带着一种莫名其妙的傲慢心理，极力表明自己对世上出现过的伟人颇为熟悉。这时的求知欲最强烈，起码对自己信心十足，而且真心实意地感到，伟大作家对于人生理想的估价似乎与自己的向往完全一致。由于有必要抱定不与人同的独特见解，比如说，把托玛斯·布朗爵士而不是波普视为心目中的英雄，我们想象自己对他们怀着深刻的敬意，感到自己对他们的了解不同于别人的认识，与他们有着亲密的默契。我们在他们的指导下奋斗，总是以他们的眼光来观察问题。于是我们经常逛旧书店，抱回对开本和四开本的名著，镌刻在木块上的欧里庇得斯的悲剧作，以及伏尔泰的八开本的八十九卷全集。

往日的那些书目也是有趣的文献，因为它们几乎没包括任何当代作家。当记者记下这些书目时,梅尔迪斯、哈代和亨利·詹姆斯自然还在世,但他们已经被接纳入经典作家之列。他那一代的人,再没有谁对他产生过更大的影响了,正像卡莱尔、丁尼生和拉斯金曾经对当时的青年一代产生过巨大影响一样。我们相信这很符合青年人特点。他是不屑于理睬任何二流人物的,除非当代出现了公认的巨人,尽管他们所描写的正是他生活的世界。他宁愿去追随古典作家,坚决与第一流的作家为伍。这时候,他暂时离群索居,远避尘嚣,冷眼旁观,超然脱俗地看待一切。

事实上,青春消逝的迹象之一,便是随着我们步入社会萌发了与世人友善之心。我们希望尽量维持高标准,但到这时我们的确对当代作家的作品发生了更多的兴趣;由于使我们感到亲切的缘故,我们原谅了他们缺乏给人启示的弱点。甚至可以说,虽然他们也许大为逊色,但比起已经作古的名家来,我们从同代人身上实际获益更多。首先,阅读当代作家不再存在隐秘的虚荣心,我们对他们产生的钦佩之情是十分真挚和热烈的;为了信任他们,我们总是不可避免地要牺牲原来抱定的高贵偏见。我们还得寻找自己爱憎的理由,这会增进我们的敏锐性,这也是证明我们真正读懂了经典著作的最好办法。

这样一来,站在满是崭新书籍——书页还粘在一起,书背上的金色涂料未干——的大书肆里,也会同置身古旧书店时一样,令人感到愉快和兴奋。也许不那么陶醉,但原先那种渴求知道不朽人物的愿望，已经让位于更加耐心地了解同代人在想些什么的好奇心。活着的男女有些什么感受？他们的住宅像什么样子？他们穿什么服装？用什么钱币？吃什么食品？爱什么恨什么？对周围世界有何看法？活着时抱着什么幻想？当代作家在自己的作品里，把这一切都告诉了我们。从他们的作品里，我们还可以窥视这个时代的精神面貌的现实状况，正像我们亲身观察时所见到的一样。

这种好奇心一旦攫住我们，经典著作便会很快集上厚厚的一一层灰，除非受某种需要的驱使，我们不会去翻阅它们。说到底，活人的声音最容易听懂。我们可以平等地对待他们。他们在猜我们设的谜语，更重要的是，我们能理解他们讲的笑话。很快，我们会养成另一种情趣，不仅仅满足于大作家，而且对闲书发生兴趣——这也许不是一种高贵的情趣，但却是一份很受用的财产。用不着轻率地指名道姓，我们知道哪些作家准会每年（因为他们恰好是多产作家）出一部小说、一本诗集或一册散文。这给我们提供了难以言喻的享受，我们很感激这些闲书；事实上，我们会逐渐把它们的作者和书中的主人公当做我们静静的一生中起着不小作用的人物。

要识别新书之中哪些是真正的好书，它们究竟告诉了我们些什么；哪些书纯属粗制滥造，一两年之内便会湮没无闻，那是特别困难的。我们目睹许多书问世，并常常听人说，现在人人都能写作。这也许是真的，我们不怀疑，在这烟波浩渺的书海里，尽管良莠不齐，雅俗不分，一定蕴藏着巨大的热能，要遇上某个有识之士加以发掘，其光彩便会一代代地辉耀下去。我们应当把这些当做乐事：面对五花八门的书籍，与我们所处时代的思想和憧憬相抵触，肯定有益的书籍，否定我们认为没有价值的东西，尤其意识到，必须厚待那些努力发掘书中的思想的人。

　　我们绝不想贸然提出关于文学艺术的本质的理论，也许除了自然的感受外，我们永远也不会知道得更多。我们更长时间接触它的经验只是教导我们：我们获得的一切乐趣中，从伟大艺术家那儿得到的无可辩驳地属于上乘，此外便别无所知了。尽管提不出理论，我们会在那些杰作里发现一二种特征，而这是我们难以期望从同时代的著作中见到的。每一个时代都会熔炼出自己的精品，但这一点是确实可信的：你尽可以随时研读它们，却不见它们的精华和糟粕之所在；它们有一种天衣无缝的完整性，没有任何朦胧的烟雾会使我们产生这样那样的歧义。然而，当我们竭尽才智对付它们，像在生活经历中遇到严峻的时刻那样，我们会得到神圣的赐予，将它带回生活中去，便会更加敏锐地感受到它，比以往任何时候都更加深刻地理解它。

论 读 书

◇ （英国）奥 登

一本书就是一面镜子：如果一头毛驴向镜子里盯着看，你就别指望从镜里向外看的会是个圣徒。

西·奇·利希滕贝格

一个人只有带着某种纯粹的个人目的去读书时，才能理解得好。这也许是想从中汲取某种力量，也可能是出于对作者的憎恨。

保尔·瓦雷里

作家的利益和读者的利益是永远不会相同的，如果偶尔它们刚好一致，那是个幸运的巧合。

关于一个作家，大多数读者持有双重标准：他们可以常常随心所欲地对他不忠，而他却万万不能不忠于他们。

读书就是翻译，因为从来不会有两个人的体验是相同的。

一个拙劣的读者就好比一个拙劣的译者：他会在应该意译的时候直译，而需要他直译时他却意译。在学习如何才能把书读好时，学问固然极为宝贵，但却不如直觉重要。有一些大学者曾经是很糟糕的译者。

我们常从读书中得到很多好处，但也只有在成年后自觉地不按照作者有意安排的那种方式去读时，才能得益非浅。

作为读者，我们大多数人，在一定程度上就好比那些顽童一样，喜欢在广告上的姑娘们的脸上画胡子。

书是否具有文学价值，其标志是读者能否以若干不同的方式来读它。反之，色情文学之所以没有文学价值，其证据就是如果一个人试图不以求得性刺激的方式来读它，不管是什么方式，比如从作为一部对作者的性幻想的心理史的角度来读它的话，它肯定会叫人厌烦死了。

虽然一部文学著作能以好多种方式来阅读，但其方式也是有限的，而且能依等级次序排列以表示之：有些作品明显的较其他作品"更为真实"，有些就大为可疑，有些一看就知道是虚假的，有些则好比拿一本小说倒过来念，简直是荒谬。因此，如果去一个荒岛，人们会选一本好词典带去，而不会去挑一本能想象到的最伟大的文学杰作，因为，对读者来说，词典是绝对被动的，而且是理所当然的可以无穷的方式来阅读它的。

我们不能以阅读一个成名作家最新出版的书的那种态度来

阅读一个新作家的第一部作品。对一个新作家，我们易于只看到他的优点或他的缺点，而且即使我们两者都看到了，我们也不能看出两者之间的关系。对一个名作家（如果我们还能读他的作品的话），我们知道，如果我们不能容忍他那令人惋惜的缺点，我们也就不能欣赏他的令人赞叹的优点。而且，我们对一个名作家的评价决不仅仅是一种美学的评价。他所写的新书，除其可能有的文学价值外，对我们来说，有一种历史性的兴趣，就好像我们对一个我们长期以来就一直颇感兴趣的人的行为一样。他不仅是一个诗人或小说家，他也是我们传记中的一个人物。

一个诗人，或一个小说家，在阅读另一个诗人或小说家的作品时，不可能不把他们的作品和自己的作品加以比较。他阅读时作出的评语总是这一类的：我的上帝！我的曾祖父！我的伯伯！我的敌人！我的兄弟！我的傻瓜兄弟！

凡文学作品，庸俗比空洞无物还是要好些，就好比杂货铺里的葡萄酒总比蒸馏水强些。

高水平的鉴赏力在更大程度上是识别优劣的能力，而不只是排斥劣作的能力，而当鉴赏力不得不采取排斥态度时，那也是怀着遗憾的、而不是愉快的心情的。

一个作品能否给读者以乐趣绝不是文艺评论的一个完全可靠的标准，但它是最使人们少犯错误的标准。

孩子读书时是受乐趣指导的，不过他的乐趣都是没有多大差别的。举个例说,他不能分辨美学乐趣与学习或幻想的乐趣之间的差别。在青年时期,我们明白有各种各样的乐趣。其中有一些是不能立即感受到的,而需要别人来帮助我们阐释。不论是对食物的品尝,还是对文学作品的鉴赏,成年人常常希望有一个他信得过的、有权威的导师。他按导师所推荐的去吃,去读,而且有时还难免要稍稍干点自己欺骗自己的事情。他得假装很欣赏橄榄或《战争与和平》,其实他并不能欣赏到那个程度。从20岁到40岁这个时期有一个我们了解自己的过程,其中包括弄懂必然性的限制(这是我们有责任要在成长中克服的)和我们本性的、必然性的限制(逾越了这种限制必将受到惩罚)之间的区别。我们中很少有人能不犯一些错误就弄懂这一点,我们总是不安分守己地想当个不平凡的人。就是在这个时期,一个作家最容易被另一个作家或某种思想意识引入歧途。当某个20岁到40岁之间的人谈到有关一个艺术作品时说:"我知道我喜欢什么,"实际上他是说,"我并没有自己的鉴赏力,而只是接受了我的文化背景所给我的鉴赏力。"因为,在20岁到40岁期间,一个人之能有他自己的真正鉴赏力的确切标志就是他对鉴赏力并无一定的把握。在40岁以后,如果我们还没有完全失去纯真的本性,则乐趣——像在儿童时期那样——会再次正确地指导我们应该读些什么书。

虽然艺术作品给我们的乐趣决不能和我们所享受的其他乐趣相混淆,但它和它们全有关系,因为那是我们的乐趣而不是任何别人的乐趣。我们所作的全部评价，不管是关于美学方面的，还是道德方面的，无论我们怎样尽量做到客观，都是我们主观愿望的部分合理化部分矫正训练；一个人只要在作诗或写小说，他的伊甸园之梦只是他个人的事情，但一旦他开始写文艺评论，他就必须诚实，因为他是写给读者看的，这样他才能使读者有可能辨别他的评价是否正确。因此，我现在必须对我曾经编写的一组问题作出我自己的回答，而这些答案将在我读其他评论家的文章时为我提供我所需要的知识。

与书为友

◇ （英国）斯迈尔斯

欲知其人，常可观其所读之书，恰如观其所交之友。与书为友如同与人为友，都应与其最佳最善者常相伴依。

好书可引为诤友，一如既往，永不改变，两心相伴，陶陶其乐。当我们身陷困境或处于危险，好书终不会幡然变脸。好书与我们亲善相处，年轻时从中汲取乐趣与教诲，到鬓发染霜，则带给我们以亲抚和安慰。

同好一书之人，往往可以发现彼此间习性也有相近，恰如二人同好一友，彼此间也可引以为友。古时有句名谚："爱我及犬"，若谓为"爱我及书"，则更不失为一智语。人们交往若以书为纽带，则情谊更为真挚高尚。对同一作家之钟爱，使人们的所思所感，欣赏与同情，都能交相融会。作家与读者，读者与作家，也能相知相通。

英国文艺评论家赫兹利特说:"书籍深透人心,诗随血液循环。少小所读,至老犹记。书中所言他人之事,却使我们如同身历其境。无论何地,好书无须倾尽其囊,便可得之。而我们的呼吸也会充满了书香之气。"

一本好书常可视作生命的最佳归宿,一生所思所想之精华尽在其中。对大多数学人而言,他的一生便是思想的一生,因此好书即为金玉良言与思想光华之总成,令人感铭于心,爱不忍释,成为我们相随之伴侣与慰藉。菲力浦·西德尼爵士言:"与高尚思想相伴者永不孤独。"当诱惑袭来,高尚纯美的思想便会像仁慈的天使,翩然降临,一扫杂念,守护心灵。高尚行为的愿望随之产生。良言善语常会激发出畅举嘉行。

书籍具有不朽的本质,在人类所有的奋斗中,惟有书籍最能经受岁月的磨蚀。庙宇与雕像在风雨中颓毁坍塌了,而经典之籍则与世长存。伟大的思想能挣脱时光的束缚,即使是千百年前的真知灼见,时至今日仍新颖如故,熠熠生辉。只要拂动书页,当时所言便历历在目,犹如亲闻。时间的作用淘汰了粗劣制品。就文学而言,只有经典名言方能经久传世。

书籍将我们引入到一个高尚的社会,在那里,历代圣人贤士群聚,仿佛与我们同处一堂,让我们亲聆所言,亲见所行,心心相印,欢悦与共,悲哀同历。我们仿佛也嗅到他们的气息,成为与他们同时登台的演员,在他们描绘的场景中生活、呼吸。

凡真知灼见决不会消逝于当世，书籍记载其精华而远播天下，永成佳音，至今为有识之士倾耳聆听。古时先贤之影响，仍融入我们生活的氛围，我们仍能时时感受到逝去已久的人杰们一如当年，活力永存。

为乐趣而读书

◎ (英国)毛 姆

首先我要强调的是读书必须是一种享受。当然,有许多书我们大家都得读,或者是为了应付考试,或者是为了获得资料,从那种读书中不可能得到享乐。我们为增进知识而读那些书,所能希望的至多是由于我们的需要而能不辞厌烦地阅读它们。那一类书是我们不得不读而不是喜欢读。我所指的不是那种读书。我接下去要谈的书既不会帮你得到学位,也不能帮你谋生,它们不教你怎样驾驶船舶,也不教你修理机器,但是它们将使你的生活更充实。然而这一点,非要你喜欢阅读它们,才能见效。

这里我说的"你"是在业余有一定空闲,心想读一点不读可惜的书的成年人。我不是指本来就埋头在书堆里的人。他可以自己爱读什么就读什么。他的好奇心引导他沿着许多没有人走的路走去，在发现大半已被遗忘了的珍宝中得到乐趣。我只是想谈谈一些名著，经过长时期的评估已被公认为登峰造极的名著。一般认为这些书我们都读过，遗憾的是我们中间很少人都读过它们。但是有些名著是最好的评论家们一致公认的，文学史家长篇累牍地论述它们，而现在一般读者却没有兴趣去读它们。它们对文学研究者是重要的，但随着时间和兴趣的转移，它们已经失去原有的味儿，到现在非有一点意志用一点力气，难以阅读它们。我举一个例：我读过乔治·爱略特（GeorgeElliot，1819～1880）的《亚当·比德》，可是我没法把手扪在心上，说我读这本书是个享受。我读它是出于应该一读的心情，我读完了它，松了一口气。

  关于这一类书，我准备不置一词。每个人自己都是最好的评论家。无论学者们怎么评价一本书，无论他们怎样同声赞扬，除非它使你感到兴趣，否则它就与你不相干。别忘了评论家常有错，文艺评论史中最著名的评论家们明显谬误屡见不鲜。你读，你才是你所读的书的价值的最后评定者。这当然适用于我将向你推荐阅读的书。我们每个人都不可能正好口味相同，而只能是大致相同，因此如果认为合我口味的书一定正好合你的口味，那是不近情理的。不过这些书我读了觉得头脑更丰富，要是我没有读这些书，恐怕我不会是今天的我。所以我要求你，如果你们中间有人看了我这里写的，被引得去读我建议的书，而读不下去的话，就请把它们放下。如果它们不能使你觉得是种享受，那它们对你就没有用处。没有人有义务必须读诗或小说或美文学。（美文学，法语 belles-lettres，这个词我很想知道它的英语说法，可我想恐怕没有。）他必须为得到乐趣而阅读它们，谁能要求使某人感到乐趣的事，别人也一定感到乐趣呢？

可是请别认为享乐就是不道德。乐趣本身是大好事，乐趣就是乐趣但是它会有不同后果，因此某些方式的乐趣是理智的人所避而不取的。享乐也不一定是庸俗和声色方面的。同一辈中有的聪明人发现理性的乐趣是最完美、最持久的。养成读书的习惯，很有好处。很少的娱乐能在你过了壮年而继续使你从中感到心满意足的；除了玩单人纸牌、解象棋残局和填字谜之外，没有你可以单独玩的游戏。读书没有这种不便；也许除了针线活儿——可那仍会让你不安定的心神游移不定——没有一种活动更容易随时拿上手，随便拿上多久，同时有别的事要干的时候，又更容易放在一边。在幸运有公共图书馆和廉价版本的今天，没有一种娱乐比读书的代价更便宜。养成读书习惯，是给自己创造一个逃避几乎一切生活愁苦的庇护所。我说"几乎一切"，因为我并不想夸大其词，认为读书可以解除饥饿的痛苦和失恋的哀伤；但是几本精彩的侦探小说和一只热水袋能使任何人把最严重的伤风感冒不当一回事。然而如果有人硬要他读使他厌烦的书，谁高兴养成为读书而读书的习惯呢？

按着编年次序看我介绍的书，当然比较方便，但最好你还是随自己的兴趣来读；我也不劝你一定要读完一本再换另一本。就我自己而言，我发觉同时读五、六本书反而更合理。因为，我们无法每一天都保有不变的心情，而且，即使在一天之内也不见得会对一本书具有同样的热情。在这种情况下，我们不能不为自己打算。至于我，当然选取最适合我自己的计划。清晨，在开始工作之前，我总要读一会儿书，书的内容不是科学就是。哲学，因为这类书需要清新而且注意力集中的头脑，这样我的一天开始了。当一天的工作完毕，心情轻松，又不想再从事激烈的心智活动时，我就读历史、散文、评论与传记；晚间我看小说。此外，我手边总有一本诗集，预备在有读诗的心情时读之，在床头，我放一本可以随时取看，也能在任何段落停止，心情一点不受影响的书，可惜的是，这种书实在不多。

书海猎趣

◘ （英国）纽　顿

许多年以前，一次在火车上我像傻瓜似地极力想与人攀谈。我问一个人他怎样打发时间，他回答说："我打牌。我过去曾读过很多书，但是，我想总要有嗜好什么的，所以就喜欢上了牌。"这是一个令人困窘为难的问答。

必须承认，不是我们每一个人都总能读书的。对于那些不能读书的人，对于那些把参加任何一项体育活动都视为负担而无法忍受的人，就还剩一项活动了——沉溺于某项癖好中去，也就是搞些收藏。这个世界有如此丰富的奇妙东西，我们收藏家们应该快乐得像个国王。霍勒斯·格里利曾经说过："年轻人，上西天吧。"我则提供同样有价值然而更容易做的忠告。我说，年轻人，搞一项嗜好吧。最好两项，一项室内的，一项室外的。有两项嗜好就能左右逢源了。

我们收藏家努力造成皈依者。我们想让其他人喜爱我们所喜爱的。我也许还得承认，当我和我的收藏伙伴彼此炫耀自己的财富时，表现出来的妒嫉不会使对方生气。总的来说，我们是一伙输得起的人，我们的嗜好一般是无害的。如果我们对汽车，特别是对讨论汽车零件的话题感到厌烦的话，我们就试着表示对另一项嗜好（即使碰巧是集邮）很感兴趣。我们个人的嗜好对其他人来说可能是可笑的，但是在人类兴趣的广谱中，从邮票到百万富翁的消遣——绘画，没有一项比收藏书籍那么容易开头和吸引我们的了。

请听我说，如果你想知道收藏书籍的快乐的话，先请干些别的，干什么都无所谓。藏书有其他的嗜好的好处而无其不足。就像体育一样，对所有的人来说，求得快乐是共同的，但拥有书却没有体育的那份紧张劲儿。如果需要的话，一间整洁、干燥的小房间就足以藏书了。

但这不是栽花弄草的事。花是要经常服侍的。某人曾写了"旧书和鲜花"的诗，诗的节奏轻松愉快，十分适中。但是，我要说书总是旧的，实际上还会越来越旧，而花却不会一直新鲜下去：多那么一点儿雨水，多那么点儿阳光，花就全凋谢了。

爱畜也要死的，不管你怎样经常地照顾它也罢———也许就是因为太照顾了才死的。有一次，为了使一只正出乳牙的狗安静下来，我把它带到我的房间里过夜，它睡得很香。第二天早晨我发现这只狗已跳窗自杀了。

收集地毯的乐趣是虚假的，它是一个陷阱。地毯不可能到处都收集得到，不可能将其塞进旅行袋里，私运进屋子里；地毯很难运输；地毯没有拍卖的最高纪录，其市场深不可测。我从来没有听到一个人承认他是按应付的价格买下地毯的，总是少付得很多。"看这条希拉扎克地毯，"一个朋友说，"我只花了九美元就买了下来，即使是便宜货的话也值五百美元。"当他被迫出售他的收藏品的时候，由于市场转为不景气，它只卖了十七美元五十美分。地毯还是蛀虫常去的地方。那属于地毯本身的一章。

藏书家不断地受到学者们的嘲笑。因为他们为了所喜爱作者的第一版书费尽心机，花了不少的钱。在遇到批评意见时，他们必定会十分敏感，因为他们总是解释，颇为可笑地试着为自己的见解辩护。但难道就不能（像莱斯利·斯蒂芬回答约翰生博士刺耳的评论那样）说："用不着向那些不解释就无法欣赏的人解释"这样的话吗？

对于那些在一二代人之前还十分时髦的"绅士书房必备书"的说法，我毫无偏见。托马斯·弗罗格纳尔·迪布丁的著作并不使我很感兴趣。今天，除了在台球桌上或者在床底下你又到哪里去为奥杜邦的《鸟》或者罗伯茨的《圣地》找一席之地呢？

过去的巨著现已变得如此的珍贵、如此的昂贵，以致于普通的藏书家几乎无望拥有它们。而藏书，和别的一样，风气在变化着。谁也不再想要奥尔丁斯和埃尔泽弗的书了。我们对古典名著的兴趣已稍有减退，我们不去注意这些书而喜欢另外的一些书；我们告诉自己，希望有一天能读那些使我们知道作者某些东西的书。我宁愿有一本书名页和原封皮齐全，即有棱有角的《失乐园》，也不要已印刷出来的全套奥尔丁斯和埃尔泽弗的书。

但是，收藏书籍时最好能做到既不遗漏现在出版的书，又注意收集过去的书。受到藏书家们普遍尊敬的贝弗利·丘说："旧书是最好的书。"我记得洛厄尔说过："盖棺论定的旧书有一种安全感。"正是回忆起了这些说法，才促使我——如果敦促是需要的话——在某一天为一本书付出难以置信的价钱。这本书是第一版的《金苹果园，或罗伯特·赫里克先生高尚的和天才的工作》，封面是纯羊皮的，十分精美。

我们藏书家都知道培根的这句名言："有些书尝尝味道即可，另一些要吞下去，只有很少的要慢慢地咀嚼和消化。"这句话可改为，有些书读读即可，另一些要收藏起来。纯粹读读的书，有五英尺的书架那么高，但最好的书只有一百本（至少每一个人都知道这些书的名字）。但是，此刻我感兴趣的是藏书家的藏书和收集书之情趣。直率地说，

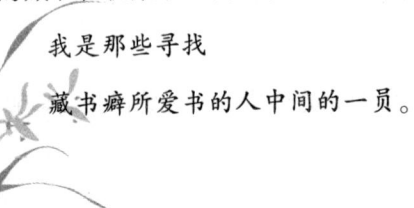

我是那些寻找
藏书癖所爱书的人中间的一员。

在每一次拍卖中，书总以几乎白送的价格落到了纽约的"史密斯"的手里。最后是《尼克拉斯·比德尔回忆》美国的这家著名的老银行。啊！我们这些比德尔，如果比德尔家的任何一个成员在这里的话就好了。有许多比德尔，但他们都不在这里。史密斯将所有的书都买下了，但当他看到我叫价时，就不叫了。锤子声落，我就是德里尔全部藏书中最有趣的书的拥有者了（从我还是个男孩时起就经常地觊觎那些书了），再加上佩恩、富兰克林、亚当斯、杰佛逊、麦迪逊、马歇尔等人的信和照片——一共28位，每件十美元：书、肖像，封皮免费。目击对另一个人的财产大屠杀是很痛苦的。它使人大惑不解——这不是我们藏书的目的。

　　归根结底，大量的书，包括诗集都成了商品，每本重要的书或迟或早都将出现在拍卖室里。有12至15位来自世界各地的代表在场——你买的时候得与他们对抗。当你拍卖一本书时，全世界都是你的市场。当然，这只是指重要的拍卖。在其他的时候，书经常以远少于它们真正的价值处理掉。在这些拍卖中，藏书家如有可能，必亲自到场，或者更进一步，将它的叫价委托给拍卖商或他自己信任的某个代表。对买主来说，最有利可图的是处理家具、图画和地毯时同时拍卖的书，最后，很多书往往被某一个不知道其价值的人击锤买得。

　　我的图书馆中的许多书都是在这样的场合以非常少的钱购得的，而它们的实际价值远大于此。我记得我那本第一版的包斯威尔的《科西嘉》，漂亮的旧小牛皮，上有题词"献给苏格兰的马里沙尔伯爵阁下，作为诚挚的敬意和感情的标志　作者詹姆斯·包斯威尔。"这只花了我一点钱。如在伦敦的话，会向我要价二十镑，而我也会照付如仪的。

　　有的人始终在各拍卖室里出没。我却不。我得赚钱养家，而我的钱来得很慢。此外，各种各样的竞争风气又将我引入歧途。在至少买下一本书（通常一大本）之前，我从来没有离开过拍卖室，而这本书最恰当的名字应该是：《他拿它干什么呢？》

　　没有一个藏书家可以没有自己的藏书票，而一张藏书票一旦插在一本书里就永远留在那里了。一个优秀的藏书家的藏书票成了某种保证，它给书增加了几分趣味和价值。

书 迷 鬼

◇ (德国) 伊·卡内蒂

书迷鬼看所有的书,无论什么书都可以,只要难懂就行。他并不满足于人人谈论的书;他看的书应该是罕见的而且已被人们忘却、不易找到的。他为一本无人知道的书找上一年之久,这样的事曾发生过。要的书总算找到了,于是他一口气读完、弄懂并记住,往后便永远可以引用它了。他17岁时看上去已和现在47岁时一模一样。书读得越多,他改样儿越少。任何用字眼儿来袭击他的尝试都归于失败;他各方面的知识都同等丰富。由于总有些他还不知道的,所以他从未感到无聊。但他绝不说出他不知道的是什么,免得别人在读书上抢了先。

书迷鬼看上去跟一个为防失物而从不打开的箱子一样,他不敢谈起他的七个博士学位,而是只提及三个。一年拿一个新博士头衔对他来说劢而易举。他待人友好并且喜欢说话，为了自己能有机会说，他也给别人留下说话的余地。如果他说，"这我不知道"，可以断言他就要作出一个既详细又内行的报告。他行动很快，因为他一直寻找着新的倾听他的人。任何一个听过他演讲的人，他都不会忘记——在他的心目中世界是由书和听者组成的。他十分赞赏别人的沉默，而他自己只有临作报告前才沉默一会儿。本来就没人想跟着他学到点什么，因为他想只让自己知道那么多这样那样的事儿。他激起人们的怀疑，可绝不是因为他的报告在内容上从不重复，而是他从不对同一个听者重复。如果他说的不总是新的话题，那就是怪事了。他公平对待他的一切知识，他什么都认真。人们愿付出高昂的代价，只为了能发现他是否有一个比其他更为扎实的知识。他为自己像老百姓一样有睡觉的时间而内疚。

数年后再见到他时，人们十分好奇并且渴望最终识破他的某个骗局。但全是空想——他虽然谈着完全不同的事，但他甚至连每个音节都是一如往昔。在那期间，有时他结婚了，有时他离婚了。女人们消失了，没有一回不是犯了错误了。他佩服那些刺激他而使他超过他们的人，一旦超过，他就把他们扔到废铁堆里去。他从不曾在没有读完所有有关某个城市的书之前去访问这个城市。城市适应他的知识；它们印证他先行读到的一切，不可预读的城市似乎没有。当傻瓜走近时，他老远就笑起来。一个女人要是想跟他结婚,最好给他写信并且在信中询问他。如果她的信够频繁,他就迷恋她并永远让她就这样子不断地用书信来给他做伴。

谈 阅 读

◎ （日本）小泉八云

我说懂得如何阅读的人并不多。若要培养出文学趣味与辨识力，这之前，需要大量的文学经验，缺乏这点，学会如何阅读几乎是不可能的。

因为，能阅读一本书的文字或字母并不是真正意义上的阅读。你们常常发觉你们一边在机械地读文字，甚至发音很正确，同时脑海里想的却是完全不同的另一个问题。这种机械地阅读的情况常常在一个人的一生的早期出现，而且不管集中不集中注意力。不论是单纯为了个人消遣选取书中的叙事部分读，或者换句话说"为了看故事"，我都不能把这种情况称之为阅读。然而在实际生活中大部分阅读都是采用这种方式。

无疑你们会想这么说明问题是把阅读跟研究搞混了。你们也许要说："要是我们读历史，哲学，或科学，那我们就读得很透,把书本上的全部意见及义理慢慢地一边思考一边钻研,这是苦读。但如果我们在课后读一篇小说或一首诗,我们就为了消遣。"我没有把握说你们都这么想,可是年轻人一般都如此。事实上,每一本值得读的书都应该恰恰像读科学书籍样地去读——不单是为了消遣;每一本值得读的书,其中也含有像科学书籍那样同等的价值,虽然其价值的性质是完全不同类的。因为,归根结蒂,好的小说,诗歌,传奇,也是有科学性的,它们按不止一种科学的最好的原理写成,尤其是按生活的了不起的原理和人性的知识写成的。

  一个搞学问的人首先要记住的是不应单纯为了消遣而读一本书。没有受过完整的教育的人为消遣而读,不要为此责难他,他们无法欣赏真正伟大的文学作品的深刻性。但一个受过大学按部就班的训练的青年就应在早期严格要求自己,不要仅仅为消遣而读书。严格要求的习惯一经养成,他甚至发现要为了消遣而渎也不可能。那时他就会不耐烦地丢开任何他不能从中得到知识食粮的任何书籍。任何不能对他的较高层次的情感和理智产生吸引力的书籍。但是另一方面,为消遣而阅读的习惯却对成千上万的人恰好像饮酒吸毒一"样成瘾;它犹如一种麻醉剂,有助于消磨时间,使他维持一种梦幻的状态。造成毁灭一切思索能力的结果,只对精神的表层部分发生作用,而把感情的较深层的源泉和更高的理解能力弃之不顾。

  这不意味着应该因噎废食,连好的文学作品也避而不读。

一本好小说就是一种良好的读物,即便是最伟大的哲学家也可能愿读的。整个问题取决于阅读的方式,这甚至比读物的质量更有决定意义。或许常说的开卷有益这句话说得太多。简而言之,一本书的好处与其说由它的作者的艺术水平决定,不论这位作者多么伟大,不如说由它对读者的习惯产生的影响决定,后者无法比拟地更加重要得多。

说儿童是水平低劣的读者,这不准确;不良的阅读习惯只是在后来养成的,永远不是天生的。自然的和学者式的阅读方式是儿童的方式,但它需要我们成人容易丢掉的东西,即非常宝贵的耐心;缺乏耐心,什么事情都做不好,阅读也不例外。

细心的阅读既然重要,你们就容易理解不能浪费时间精力。受过良好训练和高水平教育的心智力可不能浪费在任何平凡的书籍上。所谓平凡的书籍我指的是价值不高的和无益的文学作品。没有什么比训练自我选择合适的书读的能力更重要了,也没有什么受到这样普遍的忽视。指责一个有才能的人竟然会浪费时间去找什么是可读的书是一种谬见。他可以很容易正确地了解到在各种文学体裁中最优秀的作品的书目,而坚持阅读这些最优秀的作品。当然,如果他一定要成为专家,文学批评家,职业编审,他就要既读好书也读不好的书。如果他想从这种折磨中脱身,那就只能借助由经验锻炼出来的快速阅读判断的能力。

归根结蒂,最了不起的批评家就是公众——并不是一天的公众，也不是一代人，而是好几个世纪的公众。换句话说，对一本接受时间令人生畏的考验的书，最伟大的批评家是全民族对这本书的一致意见，以至全世界的人对这本书的一致意见。书的声誉不是由批评家决定，而是由数百年积累起来的全世界的人的意见决定的，而这个世人的公意并不如受过训练的批评家的意见那么轮廓分明。它不能阐释；它是模糊的，像一种我们无法确切描写其性质的巨大的感情；它是从感觉出发而非从理智出发；它仅仅说："我喜欢它。"可是没有什么评定像这种评定那么稳妥，因为那是一种亿万人的经验的成果。对一本好书的考验应该永远是经受了好几代人的意见的考验。这非常简单。

考验一部伟大的作品是看我们读它一次就不再想读了或还想不止一次地再读。任何真正伟大的作品是在我们读过一次之后还想再读，甚至再三地读；每再读一次我们都发现其中的新意和优点。一本书，若一个受过教育并且趣味高尚的人不想再读，多半并没有多大价值。先前不久关于法国大小说家左拉的艺术有过一阵不错的讨论。有人说他具备绝对的天才，有人说他只有非常卓越的才华。这场辩论引出某些奇谈怪论，可是一位批评家突如其来地提出这个问题："你们当中有多少人读过或想读一部左拉的小说一遍以上呢？"没有人答复，事实胜于雄辩。大约没有人读过一部左拉的小说一遍以上。这就从正面证明左拉的小说中缺乏了不起的超绝的才华，也没有掌握表现最高尚的感情的艺术形式。任何一本书，尽管被十万个读者买去，如果绝对没有被他们读过一遍以上，那它准是既浮浅又虚假。可是我们不能认为单独一个人的判断是一贯正确的。肯定一本书的价值伟大一定得集中许多人的意见。因为即便是最优秀的批评家也容易有某些迟钝之处，某些失误。比方说，卡莱尔，就不能容忍勃朗宁，拜伦不能容忍某些最伟大的英国诗人。一个人必须有多方面的学识才能对许多书作出可靠的评价。有时我们可以怀疑某一个批评家的判断，但是对几代人的评断那是不可能怀疑的。即使我们不能马上看出一本百年来受到赞美与爱好的书有什么优点，我们也可以确信，通过试试仔细地阅读，最后也会感觉这种爱好与赞扬是有道理的。对穷人的最好的图书馆是完全只收藏这样最伟大的经受了时间考验的作品的图书馆。那么这就是我们在选择读物方面最重要的指南。正是已故的一代又一代人所发现的这个不寻常的真理使我们认识到莎士比亚、但丁或歌德的作品的伟大意义。也许在这个问题上歌德能给我们一个最好的例子。他写了大量的散文短篇故事，这些小故事为儿童所爱读，因为对儿童来说，它们具备童话的一切魅力。但他绝不是当做童话来写的；他为有人生经验的人而写。年轻人在读这些故事时发现它们是非常严肃的。中年人在它们短小的篇幅中发现不寻常的深度；老年人在其中找到全部的人生哲理，生活的全部智慧。如果一个人头脑很迟钝，他也许看不到里面的好多东西，但是相比之下，如果他是一个头脑优越的人，对人生的知识又非常广博，他就会发现构思这些故事的人的了不起的伟大。

　　现在你们会理解我所指的好书的确切含义了。那么如何选择呢？若干年前，你们曾记得有一个叫约翰·鲁博克爵士的英国科学家，他开列了一张他称之为世界上最好的书的名单——或者说至少是一百本最好的书吧。于是有的出版家就印行了这一百本书的廉价版。照着约翰爵士的例子，别的文人也开出他们自认为的现存一百本最好的书的单子。如今相当充分的时间过去了，对我们显示了这类实验的价值。除开对出版商，它们原来毫无价值。很多人也许购买这一百本书；不过很少人去读。这不是因为鲁博克爵士的想法不好，这是因为没有一个人能为一大批智力不同的人规定一道死板的阅读程序。鲁博克爵士仅仅表达他个人的意见，哪些书最吸引他；另一个文人公开出另一个不同的书单；大约没有两个人会开出完全相同的书单来。无论如何，好书的选择是个人的事情。总之，你必须按你内心的要求去选择。博学多才的人是极少的，他们才会有兴趣地注意文学各个门类的好书。一般情况下，一个人把自己的兴趣限定在一小批题材范围内更好——也就是最适合他的天资，爱好，最使他喜欢的题材。既不完全知道我们个人的性格和脾气，又对此格格不入，而且也不知道我们的能力的人是无法替我们作出决定的。但有一件很容易做到——也就是首先决定什么文学题材已使你得到愉快，其次决定就这一题材已成书的作品中哪些是最好的,然后读这些最好的而排除那些虽则采用同样的题材但昙花一现,微不足道,没有得到大批评家或大量公众意见肯定的作品。

那些得到上述两方面肯定的书的数量不是像你们可能认为的那么多。每种伟大的文明不过产生两三部第一流的作品,假如把希腊文明看做例外,那么代表这类书的有多少种呢?不很多,最优秀的,像钻石一样,决不会是大量的。

我为什么喜欢读书

◇ （埃及）马哈藏德

当把这个问题提给一位从事写作的人时，我们首先想到的是他会这样说："我喜欢读书是因为我喜欢写作！"

但实际上那个读书仅仅为了写作的人，不过是一个"邮差"；或者一个尾巴主义作家，而非真正地道的作家。如果在他之前没有别的作家，那就绝对不会有他这位作家；如果在他之前没有一位说过什么的人，那他也就不会有什么东西能说给读者听。

我从自己的经验得知，我可以去读很多书，但我绝对不去写那些书中的内容。我记得某日一位作家来访，看到我办公桌上放着一些有关昆虫习性的杂志。他奇怪地问道："昆虫和您有什么关系？您是写文学之类的，诗歌、评论和社会跟昆虫有什么关系呢？"

我如果愿意的话，可以作出一长串回答，但是我想长话短说。我讲了一个笑话，似乎是回答，但又没有回答。

我说："你忘了我还写政治呢！"

他说："是的，您说的对，我忘了这个。不过，一个写当前政治和政治家的人，并不需要昆虫习性的知识啊！"

正如我多次讲过的，低级生物是创造的"稿本"，从这些"稿本"和"修订本"中显示出创造者的意愿。也许"稿本"中显示出的东西要多于"修订本"。读者若去看一本关于昆虫的书，并不非得去写这个题目，而是去彻悟自然的深蕴和太初的法则，由此去了解这种或那种感觉是怎样产生的，从而去接近真实的感受和真实的表达，即使是在与此不同的主题上。

同样，我也不愿像某位读史者那样去回答问题。那位读史者在其著名的诗句中说：

谁悟历史于其胸，

便增年岁于其生。

增加年岁并不是什么重要的事，除非作这样的理解：被增加的寿命是一种生命的量，而非年岁的量。或者，是感觉、思想和想象的量，而非具体听到多少消息或活了多少时间那样的量。因为感觉、思想和想象中的一小时，等于一百年或数百年。它是一条磁带，在其中记录下的是一大批信息和一大批数字。

不，我决不是为了写什么才阅读，也不是为了增加估计中的年岁。我爱读书只是因为，在这个世界我只有一个生命，而一个生命对我来说是不够的，一个生命不能把我心中的全部动因都激发起来。

阅读——而不是别的，可以给我比一个人的生命更多的生命，因为它从生命的深处增加了生命，尽管它并不能在岁限上延长它。

你的思想是一个思想。

你的感觉是一个感觉。

你的想象是一个想象——如果你限制了自己的想象的话。

但是，你若借助你的思想与另一个思想相会，借助你的感觉与另一种感觉相会，借助你的想象与另一种想象相会，那么，事情就不止于此了：你的思想变成了两个思想，或者，你的感觉变成了两种感觉，你的想象变成了两个想象。

决不仅仅如此！由于这一相会，你的思想变成了数百个有力度、有深度、有广度的思想。

这方面的例子存在于：触觉和视觉世界中被感知的事物以及情感和知觉世界被感知的事物。

在视觉世界：一个人坐在两个镜子面前，他看到的不会是一个人或两个人，而是连续不断的几十个，不论从哪一面看，都望不到头。

在情感世界：我们寻找人类心灵所包含的最强烈的感情，发现那就是两颗心之间交流的爱的感情。为什么？因为他俩对某一事物的感受与别人不同……

他俩感觉到的不是一种事物,也不是两种,而是多少倍!这些感受不断增长,扩大,直至人类心灵所能包容的极限。

这就是两面镜子相会造成的。这就是两颗心相会造成的。那么,几十面心灵的镜子在一处相会,又该如何呢?

几十种感情和思想相会又该如何呢?

一个思想是一条被分开的小溪。

但许多相会在一起的思想,则是融会全部溪流的大海。这二者的区别,正如广阔的天际和汹涌的波涛同狭窄的堤岸和有限的轻波之间的区别。

很多问题,也许表面上或标题上有所不同,但你若将其归到这个本源上来,那最遥远的也像最切近的了。

例如,昆虫的天性和宗教哲学有什么关系呢?

宗教哲学与一首抒情诗和一首讽刺诗有什么关系呢?

这首诗或那首诗与一段复兴史或一场革命有什么关系呢?

一个人的生平与一个民族的历史有什么关系呢?

从表面上看,事情风马牛不相及。

但实际上它们都是一种生命的物质,都是从一眼泉中涌出的溪流,还要归回到那里去。

昆虫的天性是对生命初始的一种研究。

宗教哲学是对生命永恒的一种研究。

抒情诗或讽刺诗,是一个人的生命在爱情和报复时的两块燃烧的火炭。

民族的复兴或革命，是千百万人心中生命波涛的汹涌澎湃。伟大的个人的生平，是一个优秀生命在其他生命之中的展示。

所有这些都在同一个大海中相会。它们把我们从溪涧引向浩瀚的大海。

在我阅读时，我并不知道自己是在寻求这一切，也不知道这一爱好是从这一愿望中产生出来的。

但是我喜欢阅读了。我从我们所读的东西中发现了这一广泛的联系。由于这一联系，阅读有关一只蝴蝶的书和阅读有关麦阿里和莎士比亚的书这二者是彼此接近的。

我不喜欢书，因为我是生活中的一个隐修者。

但我又喜欢书，因为一个生命对我来说是不够的。一个人尽管可以吃，但他决不可能吃下比一个胃的容纳量还要多的食物；尽管可以穿，但他决不可能穿比一个人体所能穿的还要多的衣服；尽管他可以行走，但他不可能同时在两个地方落脚。然而，当他的思想、感情、想象增长时，他就能把许多生命集于一身，就能成倍地扩充自己的思想、感情和想象，正如彼此交换的那种爱情的成倍增长，亦如两面镜子间迭映出的那张像那样层出不穷。

知识的必要性

◎ （美国）勒内·杜博斯

我们既不是梦游者也不是迷路的羔羊。人们以前没有理解到地球上的相互依存关系的程度，部分原因至少是由于这种依存性过去还没有出现在明显的事实及精确的自然和科学实例。近年来，通过对地球基本情况的新理解，我们已开始获得了有关人类生存的新知识。我们现在来学习也许正是时候了。

我们已经开始在三个明显的领域中，看到若干全球性政策必须遵循的方向。这三个领域就是科学、市场和国家。它们是三股独自的、强力的和具分裂倾向的力量。正是这些巨大的力量把我们带入了目前的困境。但它们也从反面向我们指出了关于环境统一性的深刻而又广泛的人类共有的知识：关于分享主权经济和主权政治的伙伴关系的新意识；关于必须超出狭隘地忠顺于部族和国家的老传统，而忠于更广大的全人类。当前已有朝着这些方向迈步的苗头，我们必须进一步促使这些苗头成为地球上人类生存的新动力和新鞭策。

让我们从知识的必要性开始论述。

建立保护地球战略的第一步，应要求各国以集体的责任感去发现更多的关于自然界的知识，以及关于自然界同人类活动如何相互影响的知识。这样做就得包括规模空前的监测和研究方面的合作，包括全世界范围组织有系统地进行知识和经验的交流，包括能够随时接受任何地方所需要的调查研究工作，其费用由国际支付。这意味着把知识变为行动的全面合作——无论是将研究用的人造卫星送入轨道，还是渔业上达成协议，还是介绍预防血吸虫病的新方法。

有一点很重要，不要以为我们现在还有许多不知道的事物，而妨碍我们积极地行动起来。尽管我们未知的事物还很多，可是我们确实也已掌握了好些基本知识。首先，我们知道好些限度：自然体系及其各组成部分所能承受的负担的限度；人体对毒物的耐受限度；人类的行动不致破坏自然平衡的限度；在无情加速的社会变化或社会恶化中人们及其社会所能经受的精神冲击的限度。当然在许多具体情况下，还不可能明确地说清这些限度。但无论哪里出现了危险的迹象，如内陆海水中氧气的逐渐减少、害虫对杀虫剂产生了抗药性、红土取代了热带森林、空气中二氧化碳的增加、海洋中毒物的出现以及城市里发生了流行病，我们都应随时通过国际合作发动有指导的调查研究工作。这样不但能以最快的速度提出解决迫切问题的办法，而且还使我们能够获得有关自然体系如何运行的具体而又广阔的知识。如果盲目听任危险迹象发展下去，或保守地不交流解决问题所需的知识，那只能意味着我们要吃更大的苦头，并给后代带来不应有的危险。

把我们赖以生存的地球上的相互依存性的新知识全面公开共享，也能够帮助人们逐渐解决无限敏感的、具有分裂性的主权主义的经济问题和政治问题。

对于环境相互依存性的认识，不但能消极地使我们避免战争这种最愚蠢的行动，还能做出很多有益的事。它能积极地使我们理解到人的社会性、在自然界的地位和共同生活的必要性：如果没有这些属性，人类社会就建立不起来，不能生存下去，更无法富裕。我们的血统和历史的延续，我们对共同享有的文化和成就的珍视，我们的传统，我们的信仰，全都是很宝贵的。但是这些都必须保证各种重要生态系统所需的多样变化的功能，才能使世界丰富多彩。我们在统一性上，过去还缺乏广博的理论。我们的预言家曾寻求过这种理论。我们的诗人曾梦想过这种理论。但是只有到了我们现在的时代，天文学家、物理学家、地质学家、化学家、生物学家、人类学家、人种学家和考古学家，全都联合在先进的科学之中，才得出惟一的论证。这个论证告诉我们，在人类的任何一个历程中，我们都属于一个单一的体系，这个体系靠单一的能量提供生命的活力。这个体系在各种变化的形式中表现出根本的统一性，人类的生存有赖于整个体系的平衡和健全。

这种统一性并不仅仅是一个幻想，而是客观存在的和无法逃避的科学事实。如果统一性的观点能够变成地球上全体居民的共同见解，我们就可以摆脱一切难免的多中心论，而以必要的统一性为目标来建设人类世界。

在这样的世界里，一般国内社会所熟悉的一些做法和制度，经过适当补充以后，能变成全球秩序的基础。事实上，这样一种统一体系的蓝图，已存在于我们目前的许多国际机构之中。在国际基础上采用法律的、仲裁性的和警察式的步骤非暴力地解决争端，是实现这种体系的方法之一。实现这种体系的另一方法，是通过逐步增加共享世界财富的方式，将资源由富裕国家转移给贫穷国家，由发达国家将国民总产值的1%作为援助款项的设想，就是这方面的第一步微小的尝试。至于保健和教育的全世界计划，农业改革中的全世界投资，以建造美好城市为目标的世界性战略，控制污染和改善环境的全世界联合行动，这些都应当是目前政府间为了共同需要和利益而出现的有限合作的合乎逻辑的扩展。

基于我们掌握的这个行星上相互依存的新知识，要求把各种活动都应看做是世界性的，并看做是一种符合自身利益的活动来加以支持。各国政府已从口头上承认了这种观点，还建立了一系列的联合国机构，并且规定它们的职责是细致地制定全世界范围的战略。但是，在推行这些国际机构的政策的过程中，设想使它们具有国际性权威并具有管理能量和资源的权力，在目前还显得过于离奇、过于幻想化和过于乌托邦式了。其主要原因是这些国际机构的成立，并不是出于把全球作为一个社会整体的认识，也不是为了推行全球事业。事实上，要有效地执行世界规模的政策，仍然被认为是前所未闻的，而且确实也是较难以实现的事情。地球上还不存在真正的对全人类的理想的忠心。

但是，也许正需要这种忠心的逐渐转变，才能使我们对于共享的和相互依存的生物圈的理解日益深刻，从而可以触动我们的生活。人类无可怀疑地已经经历着这种忠心的转变。从家庭到氏族，从氏族到国家，从国家到联邦，这种忠诚心理的扩大已经是历史上的事实，而且扩大后并未因此减弱了原有的爱。今天，如果我们能够对于惟一的、美丽的、脆弱的行星——地球，培养出真挚的忠心的话，在人类社会中，我们是有希望长期生存于丰富多彩的生活之中的。

在这个太空中，只有一个地球在独自养育着全部生命体系，地球的整个体系由一个巨大的能量来赋予活力。这种能量通过最精密的调节而供给了人类。尽管地球是不易控制的、捉摸不定的，也是难以预测的，但是它最大限度地滋养着、激发着和丰富着万物。这个地球难道不是我们人世间的宝贵家园吗？难道它不值得我们热爱吗？难道人类的全部才智、勇气和宽容不应当都倾注给它，来使它免于退化和破坏吗？我们难道不明白，只有这样，人类自身才能继续生存下去吗？

a